Angewandte Landschaftsökologie
Heft 11

Der „Runde Tisch" als Mittel zur Umsetzung der Landschaftsplanung

Chancen und Grenzen der Anwendung eines kooperativen Planungsmodells mit der Landwirtschaft

Ergebnisse der Wiederaufnahme und Erfolgskontrolle des Erprobungs- und Entwicklungsvorhabens:

„Ausrichtung von Extensivierungs-, Flächenstillegungs- und sonstigen agrarischen Maßnahmen auf Ziele des Natur- und Umweltschutzes mittels der Landschaftsplanung"

bearbeitet von

Bettina Oppermann
Frieder Luz
Giselher Kaule

Bundesamt für Naturschutz
Bonn-Bad Godesberg 1997

Zusammenfassende Betrachtung:	• Projektmanagement: Dipl.-Ing. B. Oppermann, Prof. Dr. F. Luz • Landschaftsplanung: Dipl.-Ing. B. Oppermann, Prof. Dr. G. Kaule • Akzeptanzforschung: Prof. Dr. F. Luz, Prof. Dr. G. Endruweit • Agrarpolitik und Betriebswirtschaft: Prof. Dr. A. Heißenhuber, Dr. M. Köbler, Dr. T. Reitmayr
Berichte aus den Erprobungsprojekten:	Flurbereinigungsverfahren Marchetsreut (Gemeinde Perlesreut, Bayern): • Dipl.-Ing. agr. W. Danner, Danner und Partner, Ruhstorf • Dipl.-Ing. A. Pöllinger, Büro Schober, Freising Landschaftsplanung Stephanskirchen (Bayern): • Dipl.-Ing. W. Steinert, Büro Grebe/Steinert, Übersee • Dipl.-Ing. agr. E. Wirthensohn, Dipl. Geograph M. Slavicvek, Dipl.-Ing. agr. B. Baumgärtner, Kulturlandbüro, Buchenberg Biotopvernetzungskonzeption Herbrechtingen (Baden-Württemberg): • Dipl.-Ing. FH H.-U. Hagmeier, Gerstetten • Dipl.-Ing. S. Gilcher, Büro Bruns, Freiburg Flurbereinigungsverfahren Sersheim (Baden-Württemberg): • Dipl.-Ing. agr. R. Riesch, Stuttgart • Dipl.-Ing. A. Krombach, Mönsheim; Dipl. Biol. K. Siedle, Tübingen
Bildhinweise:	Titelbild: F. Luz Abbildung 3: Geigenmüller und Buchweiz, Filderstadt
Schlußbericht des Erprobungs- und Entwicklungsvorhabens 1989–1993:	Kaule, G., Endruweit, G., Weinschenk, G. (1994): Landschaftsplanung, umsetzungsorientiert! Angewandte Landschaftsökologie, Heft 2

Herausgeber:
Bundesamt für Naturschutz (BfN)
Konstantinstraße 110, 53179 Bonn

Der Herausgeber übernimmt keine Gewähr für die Richtigkeit,
die Genauigkeit und Vollständigkeit der Angaben sowie
für die Beachtung privater Rechte Dritter. Die in den Beiträgen
geäußerten Ansichten und Meinungen müssen nicht mit denen
des Herausgebers übereinstimmen.

Nachdruck, auch in Auszügen, nur mit Genehmigung des BfN

Druck:
LV Druck im Landwirtschaftsverlag GmbH, Münster-Hiltrup

Bezug über:
BFN-Schriftenvertrieb im Landwirtschaftsverlag
48084 Münster
Tel.: 02501/801-117, Fax 02501/801-204
Preis: 19,80 DM (zzgl. Versandkosten)

ISBN: 3-89624-308-X

Gedruckt auf chlorfrei gebleichtem Papier

Bonn-Bad Godesberg 1997

Inhaltsverzeichnis

Abbildungsverzeichnis 6

Vorwort 7

0	Einleitung	9
1	Konzeption und Ergebnisse des Erprobungs- und Entwicklungsvorhabens (Oppermann)	13
2	Wiederaufnahme und Erfolgskontrolle 1995/1996 (Oppermann)	19
2.1	Zum Stand der Planung und Umsetzung in den Erprobungsgemeinden zu Beginn der Wiederaufnahme und Erfolgskontrolle	19
2.1.1	Problemlage 1996: Agrarsituation, "schlanker Staat" und Dialogbedarf	19
2.1.2	Stand der Planung und Umsetzung in den vier Fallbeispielen zu Beginn der Wiederaufnahme und Erfolgskontrolle	20
2.1.2.1	Flurbereinigungsverfahren Marchetsreut (Bayern)	20
2.1.2.2	Landschaftsplanung Stephanskirchen (Bayern)	20
2.1.2.3	Biotopvernetzungskonzeption Herbrechtingen (Baden-Württemberg)	21
2.1.2.4	Flurbereinigungsverfahren Sersheim (Baden-Württemberg)	22
2.2	Erfolgskontrolluntersuchungen	24
2.2.1	Typen und Funktionen von Evaluation und Erfolgskontrolle	24
2.2.2	Aufwand und Ansatzpunkt für Erfolgskontrolluntersuchungen	27
2.3	Merkmale der Wiederaufnahme und Erfolgskontrolle in den vier Fallbeispielen	28
3	Akzeptanzbedingungen für Kommunikation und Kooperation in der Landschaftsplanung (Luz)	31
3.1	Zur Akzeptanz der Maßnahmen in den Erprobungsgemeinden	31
3.1.1	Flurbereinigungsverfahren Marchetsreut (Bayern)	31
3.1.2	Landschaftsplanung Stephanskirchen (Bayern)	33
3.1.3	Biotopvernetzungskonzeption Herbrechtingen (Baden-Württemberg)	35
3.1.4	Flurbereinigungsverfahren Sersheim (Baden-Württemberg)	37
3.2	Erkenntnisse der Akzeptanzforschung aus den vier Erprobungsverfahren im Vergleich	38
3.3	Die Rolle der Bürgermeister bei der Schaffung günstiger oder ungünstiger Umsetzungsbedingungen	38
3.4	Die Berücksichtigung der Determinanten lokaler Akzeptanz und Umsetzbarkeit: Akzeptanzvoruntersuchung als Instrument zur Erkundung günstiger oder ungünstiger Umsetzungsbedingungen für die Landschaftsplanung ...	40
4	Ökonomische Teilanalysen der vier Fallbeispiele (Heißenhuber, Köbler, Reitmayr)	43
4.1	Flurbereinigungsverfahren Marchetsreut (Bayern)	45
4.2	Landschaftsplanung Stephanskirchen (Bayern)	47
4.3	Biotopvernetzungskonzeption Herbrechtingen (Baden-Württemberg)	49
4.4	Flurbereinigungsverfahren Sersheim (Baden-Württemberg)	52

5	**Umsetzungsorientierte Landschaftsplanung als Kommunikations- und Kooperationsmodell (Oppermann)**	55
5.1	Die Träger der Landschaftsplanung und ihrer Umsetzung.	55
5.2	Vier Modelle für die Umsetzung von Landschaftsplänen.	56
5.2.1	Modell der sachlogischen Landschaftsplanung: Kommunikation und Kooperation unter Experten.	56
5.2.2	Modell politisch-administrativer Kommunikation und Kooperation zwischen Experten, Verwaltung und Politik.	59
5.2.3	Modell der Kommunikation und Kooperation in einem institutionalisierten Netzwerk mit Verbänden und organisierten Interessengruppen.	61
5.2.4	Modell der Kommunikation und Kooperation unter Mitwirkung der Bevölkerung	64
5.3	Beispiele für Erfolgskontrolluntersuchungen, Anforderungen und Erfolgsmaßstäbe für eine umsetzungsorientierte Landschaftsplanung mit der Landwirtschaft.	66
5.3.1	Beispiele für Erfolgskontrolluntersuchungen in den Erprobungsvorhaben.	66
5.3.1.1	Flurbereinigungsverfahren Marchtesreut: Landfristige Sicherung der Biotopbausteine und Monitoringkonzept	67
5.3.1.2	Umsetzung des Landschaftsplans der Gemeinde Stephanskirchen: Dokumentation des Bebauungsplanverfahrens Grünnordnungsplan "Westerndorfer Filze"	68
5.3.1.3	Biotopvernetzungskonzeption Herbrechtingen: Erfolgskontrolle der Biotopvernetzungsmaßnahmen in den Vertiefungsgebieten Wangenhof und Ugenhof: Vegetationskundliche Untersuchung	70
5.3.1.4	Flurbereinigungsverfahren Sersheim: Untersuchungen zu Flora und Fauna	71
5.3.2	Anforderungen und Erfolgsmaßstäbe für eine umsetzungsorientierte Landschaftsplanung.	72
6	**Folgerungen für eine umsetzungsorientierte Landschaftsplanung (Oppermann)**	77
6.1	Förderliche Rahmenbedingungen für lokales Umwelthandeln.	77
6.1.1	Konzept einer differenzierten Agrarumweltpolitik.	77
6.1.2	Förderung betrieblicher, lokaler, regionaler und überregionaler Kooperation als Basis für eine umsetzungsorientierte Landschaftsplanung.	78
6.1.3	Kommunale Initiativen zur Unterstützung der lokalen Landwirtschaft.	78
6.1.4	Fazit: Verstärkung des Push-and-Pull-Prinzips in den Rahmenbedingungen	79
6.2	Stärkung der flächendeckenden kommunalen Landschaftsplanung als Voraussetzung für die Bündelung von Umsetzungsaktivitäten.	79
6.2.1	Kommune als zentraler Akteur der Landschaftsplanung.	79
6.2.2	Landschaftsplan als Voraussetzung und fachlicher Beitrag für die Umsetzung.	80
6.2.3	Ergänzung der Bestandsaufnahme: Akzeptanzvoruntersuchung und andere Schwerpunktuntersuchungen als Voraussetzung für die Umsetzung.	81
6.2.4	Fazit zur Verwirklichung landschaftsplanerischer Leitbilder in den Kommunen Landschaftsplanung stärken, Beratungsleistungen für Kommunen bieten.	81
6.3	Notwendigkeit einer Phase der Umsetzung am Runden Tisch.	82
6.3.1	Neue Phase der Umsetzungsplanung etablieren und fördern.	82
6.3.2	Ergänzung des landschaftspflegerischen Instrumentariums um kommunikative und kooperative Elemente.	82
6.3.3	Umsetzung durch andere Fachplanungsinstrumente und Ressortinitiativen.	83
6.3.4	Flexibilität und Erfolgskontrolle, Fortschreibungsgründe.	84

6.3.5	Fazit für die Einführung einer Umsetzungsphase in der Landschaftsplanung: Die Aufgabenfelder der Umsetzung und der Konfliktlösung haben Auswirkungen auf die Honorarordnung für Architekten und Ingenieure (HOAI).	85
6.4	Forschung, Erprobung und Weiterentwicklung einer umsetzungsorientierten Landschaftsplanung.	85
6.4.1	Forschung, Erprobung und Entwicklung.	85
6.4.2	Lernfelder und Berufsfelder für Landschaftsplaner.	86
6.4.3	Inhalte für die Aus- und Weiterbildung von Umsetzungsmanagern.	87

Literaturverzeichnis 89

Anhang
Kurzfassung: Der Runde Tisch als Mittel zur Umsetzung der Landschaftsplanung .... I-XI

Abbildungsverzeichnis

Abb. 1	Matrix zur Auswahl der Planungsvorhaben in Bayern und Baden-Württemberg	14
Abb. 2	Lage der vier Erprobungsgemeinden	16
Abb. 3	Organisation von Kommunikation und Kooperation als Bündelungsprozeß zur Umsetzung der Landschaftsplanung	17
Abb. 4	Übersicht über die während des Projektes durchgeführten Maßnahmen	23
Abb. 5	Die Überprüfung der Wirkungen von Projektaktivitäten sollte der Steuerung von Planungsprozessen dienen	24
Abb. 6	Typen und Funktionen von Erfolgskontrolluntersuchungen	25
Abb. 7	Aufwand und Ansatzpunkte von reflexiven Verfahrenselementen	27
Abb. 8	Die wesentlichsten Erkenntnisse der Akzeptanzforschung aus den vier Erprobungsverfahren im Vergleich (Stand 1996)	39
Abb. 9	Vorgehensweise bei der ökonomischen Begutachtung der Entwicklungs- und Erprobungsvorhaben	43
Abb. 10	Erfolgsbestimmende Faktoren in Stephanskirchen	48
Abb. 11	Vorgehensweise bei der Ermittlung des Ausgleichsbetrages im Rahmen eines pauschalen Ausgleichsvertrages	50
Abb. 12	Anforderungen an ein effizientes Biotopvernetzungskonzept in Herbrechtingen	50
Abb. 13	Vorgehensweise zur Berechnung eines Ausgleichsbetrages für die Anlage und Pflege eines Wegrandstreifens	53
Abb. 14	Auswirkungen der EU-Agrarreform auf die Kosten des Gewässerschutzes (Getreidebau ohne Mais)	54
Abb. 15	Anforderungen an die Förderpraxis von Agrar- und Umweltprogrammen im Zusammenhang mit einer langfristigen Nutzungsänderung in Form von Wegrandstreifen	54
Abb. 16	Vier Modelle für kommunikative und kooperative Landschaftsplanungsverfahren	56
Abb. 17	Beteiligungsverfahren im Vergleich, Anwendung im Kontext der Landschaftsplanung und Freiraumgestaltung	75
Abb. 18	Konzept der differenzierten Agrarumweltpolitik	77

Vorwort

Was steht hinter dem Schlagwort "Runder Tisch", das z.Z. auch im Politikfeld des Naturschutzes benutzt wird? Geht es hier um eine besondere Methode zur Kanalisierung von Protestpotential oder um ein ernsthaftes politisch-planerisches Modell zur Umsetzung von notwendigen Maßnahmen im Natur- und Umweltschutz, auch gegenüber gegenläufigen Interessen? Die Zeit ist noch nicht reif, um diese Frage endgültig zu beantworten. Über mangelnde Interessengegensätze kann man sich beim Aufstellen und Umsetzen von Landschaftsplanungen nicht beklagen. Landschaftsplanerische Arbeiten haben eine möglichst präzise Darstellung der Konfliktlage zwischen Nutzungsansprüchen und der Leistungsfähigkeit des Naturhaushaltes zum Gegenstand und als Ergebnis. Die Kunst der Umsetzung eines Planes besteht darin, bei Planungsbeteiligten und -betroffenen Verständnis für die Ziele des Naturschutzes und der Landschaftspflege zu wecken, um über Einsicht zu einem Ausgleich der gegenläufigen Interessen zu kommen. Zur Umsetzung gehört also auch die Methodik des Interessenausgleiches und der Konfliktlösung.

Die vorliegende Studie basiert auf der langfristigen Beobachtung von vier Fallbeispielen, die in Heft 2 dieser Schriftenreihe unter dem Titel "Landschaftsplanung, umsetzungsorientiert!" vorgestellt wurde. In diesen Fallbeispielen prallen die Interessen landwirtschaftlicher Nutzung und die Erfordernisse des Natur- und Umweltschutzes aufeinander. Mittels des "Runden Tisches" sollen sie zum Ausgleich gebracht werden, denn dieses Instrument der Konfliktminderung ist auf mehr als Analyse gemünzt: auf Lösungsversuche! In vier Gemeinden wurde sieben Jahre lang beobachtet, wie mit Behörden, Landwirten und Verbrauchern über Maßnahmen zum Naturschutz verhandelt wurde. Im Jahre 1993 wurde das Modell einer kommunikativen und kooperativen Landschaftsplanung zur Diskussion gestellt und daran die Forderung geknüpft, zukünftig verstärkt die Mitwirkung aller beteiligten Akteure zuzulassen. Jetzt liegen die Ergebnisse der Wiederaufnahme und der Erfolgskontrolle des Projektes vor. Viele Thesen haben sich bestätigt, einige Thesen mußten verworfen werden, neue Erkenntnisse kamen hinzu und es wurden neue Fragen zur Forschung und Erprobung aufgeworfen.

Wer Maßnahmen des Naturschutzes mittels der Landschaftsplanung umzusetzen hat, wird - so hoffen wir - die hier vorgestellten und praktisch erprobten Ergebnisse gern berücksichtigen.

Prof. Dr. Martin Uppenbrink
Präsident des Bundesamtes für Naturschutz

0   Einleitung

Ziel des 1989 vom Bundesumweltministerium initiierten Projektes war es, die grundsätzlichen Möglichkeiten einer Ausrichtung von agrarischen Förderprogrammen auf die Ziele des Natur- und Umweltschutzes an praktischen Beispielen zu beschreiben und zu erproben. Mit der Förderung von vier Pilotverfahren sollte ein Beitrag zu einer praxisorientierten Forschung und Thesenbildung geleistet werden. Damit sind besondere Schwierigkeiten, z.B. die nicht eindeutig darstellbaren kausalen Zusammenhänge zwischen Aktionen und Wirkungen aber auch Chancen, wie der Austausch zwischen wissenschaftlich orientierten Planern und pragmatisch orientierten Wissenschaftlern verbunden. Die Bereitschaft der lokalen Projektträger, sich in dem Projekt auf innovative Planungsansätze einzulassen, hat das Projektdesign maßgeblich mitbestimmt. Umgekehrt haben die Wissenschaftler vor Ort einiges an "Umsetzungs-Know-How" gelernt.

Dazu ist zu bemerken, daß die Bedeutung des Begriffs Landschaftsplanung hier sehr viel weiter als in den Bundes- und Ländergesetzen gefaßt wird. Wenn in diesem Bericht von Landschaftsplanung die Rede ist, ist der ganze Landschaftsplanungsprozeß von der Problemdefinition über die Bestandsaufnahme, die Ableitung von Zielen und deren Verwirklichung, z.B. bis zur Pflanzung eines Baumes gemeint. Dieser Prozeß schließt verschiedene Vorgehensweisen und damit auch Umsetzungsmöglichkeiten durch andere Fachbereiche mit ein. Wenn von den Produkten der Planung die Rede ist, werden die Planwerke konkret, als kommunale Landschaftspläne oder Biotopvernetzungskonzeptionen, bezeichnet.

Der inhaltliche Fokus liegt auf der Betrachtung von Problemlagen im Konfliktfeld Naturschutz-Landwirtschaft. Wenn also im Folgenden von Umsetzungsinstrumentarien die Rede ist, so wäre eigentlich eine Ausweitung der Diskussion auf siedlungsökologische, wasserbauliche oder andere Problemlagen und den damit verbundenen Umsetzungsmöglichkeiten notwendig, was hier aber leider nicht geleistet werden kann.

Als Bündelungsinstrument für die Zusammenführung von vermuteten unterschiedlichen Interessenlagen sollten unterschiedliche landschaftsplanerische Konzepte dienen, nämlich die Umsetzung von kommunalen Landschaftsplänen, Bodenneuordnungs- und Flurbereinigungsverfahren und Biotopvernetzungskonzeptionen. Gassner (1995) hat darauf aufmerksam gemacht, daß solange eine fachlich qualifizierte Aufgabenbewältigung garantiert ist, auch andere Planwerke hilfsweise die Funktion der Landschaftspläne übernehmen können. Die Länderarbeitsgemeinschaft Naturschutz, Landschaftspflege und Erholung (LANA) hat Mindestanforderungen an die örtliche Landschaftsplanung beschlossen, die die inhaltliche Reichweite und notwendige Bearbeitungstiefe der Planungen abstecken. Diese leiten sich aus den Zielen und Grundsätzen der Naturschutzgesetze ab. Sie beziehen die Umsetzungserfordernisse meist nicht ausdrücklich mit ein (Länderarbeitsgemeinschaft für Naturschutz, Landschaftspflege und Erholung (LANA) 1995 a). Die Ergebnisse des Projektes gehen über die ursprüngliche pragmatische Konzeption hinaus, in der Umsetzungserfolge im Umweltschutz durch die Aushandlung möglichst angemessener geldlicher Anreize für die Landwirtschaft erzielt werden sollten. Gerade durch die Vielfalt der vorgefundenen Umsetzungsansätze konnten Thesen für eine praxisorientierte Theorie der Planung entwickelt wurden, die ursprünglich nicht Ziel des Projektes waren.

Dieser Bericht bewertet die Ergebnisse des Projektes zwei Jahre nach seinem Abschluß (1994). Besonders positiv sollte hervorgehoben werden, daß in jedem Ort das Vorhaben der Wiederaufnahme und Erfolgskontrolle begrüßt wurde. Die erst jetzt beobachtbare Eigendynamik der Umsetzungsbemühungen und die Stabilität der Projektziele sind ein wichtiges Thema für die Erfolgsbewertung von

Erprobungsvorhaben. Zur Bearbeitung wurden mit den ehemaligen Projektbearbeitern Teilfragestellungen zur Erfolgskontrolle vereinbart. Interessierte können die ausführlichen Berichte beim Bundesministerium für Umwelt, Naturschutz und Reaktorsicherheit (BMU) einsehen. Um den Leserinnen und Lesern einen Einstieg in die Thematik zu ermöglichen, werden im ersten Kapitel die Thesen des Jahres 1993/1994 kurz dargestellt. Denjenigen, die die Ausgangslage, das Prozedere und die Ergebnisse zum Stand 1992/1993 vertiefen möchten, möchten wir neben dem Abschlußbericht folgende Artikel empfehlen.[1]

Im zweiten Kapitel wird die Funktion und Notwendigkeit der Wiederaufnahme und Erfolgskontrolle diskutiert, und der Stand der Planung und Umsetzung in den vier Fallbeispielen vorgestellt. Im dritten und vierten Kapitel wird dann noch einmal ausführlich auf die Wirkungen der örtlichen Vorhaben eingegangen. Dies geschieht einmal unter dem Blickwinkel der Akzeptanzforschung und im vierten Kapitel unter agrarökonomischen Kriterien. Die Akzeptanzforschung stellt zudem die Weiterentwicklung ihres Befragungsinstrumentes zu einem eigenen Planungsbaustein zur Debatte. Im fünften Kapitel werden ausgehend von der Forderung nach einem kooperativen und kommunikativen Planungsmodell (Kaule et al. 1994) die Weiterentwicklungsmöglichkeiten der Umsetzung in der Landschaftsplanung diskutiert, und es werden Beispiele für Erfolgskontrolluntersuchungen in der Landschaftsplanung gegeben.

In vier Textblöcken werden im sechsten Kapitel Forderungen zu einer besseren Umsetzung von Landschaftsplänen zur Diskussion gestellt. Im ersten Block (Kap. 6.1) werden die Rahmenbedingungen für lokales, umweltgerechtes Handeln der Landwirtschaft beleuchtet. Als Fazit kann festgehalten werden, daß Agrarpolitik und Umwelt- und Naturschutz in stärkerem Maße aufeinanderbezogen und zu konsistenten Förderkonzeptionen entwickelt werden müssen. Die Ausgestaltung der Förderprogramme nach einem "Push-and-Pull-Prinzip" würde bessere Rahmenbedingungen für lokale Aktivitäten darstellen.

Im zweiten Block (Kap. 6.2) wird die Funktion einer landschaftsplanerischen Leitbildentwicklung in kommunaler Verantwortung diskutiert. In allen Fallbeispielen hat sich die wichtige Rolle der Gemeinde als Betreuungsinstitution für die Umsetzung der Planung bestätigt. Um diese Aufgabe wahrnehmen zu können, werden stringente Zielvorgaben, also Landschaftspläne, benötigt, an denen die Umsetzungsaktivitäten ausgerichtet werden können. Die Pläne dienen dann auch als Maßstab zur Bewertung von Erfolgen oder auch Mißerfolgen. Da diese Aufgabe von den Gemeinden aber häufig noch in unzureichendem Maße wahrgenommen wird, sollten Landschaftspläne mit dem Ziel der Umsetzung von Umweltschutzmaßnahmen gefördert werden, und die Kommunen sollten verstärkt Beratungsleistungen zur Steuerung des Umsetzungsprozesses in Anspruch nehmen können.

Die Forderung nach einer landschaftspflegerischen Umsetzungsphase zur Verwirklichung der Ziele der Landschaftsplanung wird im dritten Block (Kap. 6.3) diskutiert. Dabei bedeutet Umsetzung

---

[1] Oppermann, B., Luz, F. (1996)
Planung hört nicht mit dem Planen auf, Kommunikation und Kooperation sind für die Umsetzung unerläßlich. In: Konold, W. (Hrsg.): Naturlandschaft - Kulturlandschaft. Die Veränderung der Landschaften nach der Nutzbarmachung durch den Menschen, Ecomed Verlag, Landsberg, S. 273-288, bebilderte und aktualisierte Fassung des Aufsatzes "Planerischer Wille und planerische Praxis" (Luz, Oppermann 1994)

Luz, F., Oppermann, B. (1993)
Landschaftsplanung umsetzungsorientiert! Garten und Landschaft 103 (11):23-27

Schlußbericht: Kaule, G., Endruweit, G., Weinschenck, G. (1994):
Landschaftsplanung, umsetzungsorientiert! - Angewandte Landschaftsökologie, Heft 2

nicht nur die Detaillierung vorangegangener Planungsvorstellungen. Umsetzung bedeutet auch das Zusammenbringen unterschiedlicher Akteure, die fachliche Betreuung der Bündelung von Zielen und Maßnahmen und nicht zuletzt die Förderung der Konfliktlösung zwischen unterschiedlichen Interessenlagen, Argumentationsmustern und Personen. Eine fachgemäße Ausgestaltung dieser Phase hat unserer Meinung nach Auswirkungen auf die Honorarordnung für Architekten und Ingenieure (HOAI). Landschaftsplaner müssen im Umsetzungsprozeß eine aktive und definierte Rolle spielen. Ihre Leistungen können nicht mehr nur von Fall zu Fall als besondere Leistungen abgegolten werden. Die sachliche und methodische Entwicklung eines Leistungsbildes für die geforderte Umsetzungsphase sollte von den zuständigen Stellen in Angriff genommen werden.

Damit Landschaftsplaner diese Aufgaben in Zukunft wahrnehmen und qualifiziert anbieten können, muß die kommunikative und kooperative Ausgestaltung des Landschaftsplanungsverfahrens verstärkt, weiter-entwickelt und erprobt werden. Neben einem großen Forschungs- und Entwicklungsbedarf werden deshalb im vierten Block Lern- und Berufsfelder für Landschaftsplaner und Inhalte für die Aus- und Weiterbildung diskutiert (Kap. 6.4).

In diesem Bericht wird versucht, die Ereignisse in den vier Teilprojekten zu unterschiedlichen Zeitpunkten und aus unterschiedlichen Perspektiven darzustellen. Die Gutachten von Landschaftsplanern, Akzeptanzforschern und Ökonomen sind an vielen Stellen eingeflossen. Zudem bauen die Untersuchungen auf früheren Arbeiten auf, an die angeknüpft, die aber hier nicht wiederholt werden sollen. Im ersten Kapitel wird deshalb die Grundkonzeption des Gesamtprojekts noch einmal grob umrissen. Daran schließen sich Erkenntnisse an, die aus unterschiedlichen Fachperspektiven gewonnen wurden. Daß hier auch Redundanzen auftreten, kann leider nicht vermieden werden. In den beiden letzten Kapiteln wird versucht noch einmal an den grundsätzlichen Fragekomplexen und den Thesen und Forderungen des Abschlußberichtes aus dem Jahr 1993 anzuknüpfen, um so einen aktuellen Beitrag zu einer Debatte um die Chancen und Risiken von Runden Tischen in der Landschaftsplanung zu leisten.

In dem Projekt konnten konkrete Erkenntnisse zu Planungs- und Umsetzungsprozessen gewonnen werden, die nicht mehr durch einen klassischen Ansatz "Von-oben-nach-unten" sondern durch einen ergänzenden partizipativen Ansatz "Von-unten-nach-oben" gekennzeichnet sind (Renn, Oppermann 1995). Die beobachteten örtlichen Kommunikationswege und Kooperationsaktivitäten können zu stringenten Planungskonzepten weiterentwickelt werden, die die Verantwortungsbereitschaft von Kommunen, landwirtschaftlichen Betrieben und Verbrauchern für Natur und Landschaft fördern. Dies ist sicher nicht zum Nulltarif zu haben. Die eingesetzten Mittel haben aber eine erheblich größere Chance als bisher, zur Verwirklichung landschaftsschonender Nutzungssysteme beizutragen.

1 Konzeption und Ergebnisse des Erprobungs- und Entwicklungsvorhabens (Oppermann)

Das Entwicklungs- und Erprobungsvorhaben wurde 1989 vom Bundesumweltministerium initiiert und durch drei Forschungsinstitute, dem
- Institut für Landschaftsplanung und Ökologie an der Universität Stuttgart[2], dem
- Institut für Sozialforschung an der Universität Stuttgart[3], und dem
- Institut für landwirtschaftliche Betriebslehre an der Universität Hohenheim[4] betreut.

Für die Erfolgskontrolluntersuchung 1995/1996 hat der Lehrstuhl für Wirtschaftslehre des Landbaus der Technischen Universität München, Weihenstephan[5] die Zusammenfassung der 4 Projektberichte zum Thema Betriebswirtschaft übernommen.

Die Zusammenführung von drei unterschiedlichen Fachperspektiven (Landschaftsplanung, Betriebswirtschaft und Akzeptanzforschung) sollte die integrativen Absichten des Projektes stützen und verhindern, daß in dem Projekt frühzeitig brisante Fragen und Umsetzungshindernisse ausgeklammert werden. Zum damaligen Zeitpunkt waren die agrarischen Programme der Europäischen Union (EU) in einer Umbruchphase. Die Bundesländer praktizierten eine große Vielfalt von Programmen, die zusätzlich meist unterschiedlichen administrativen Kompetenzen (Umwelt- und/oder Agrarressort) unterstanden. Der Bauernverband lehnte die Forderung nach Auflagen im Sinne einer umweltschonenden Landbewirtschaftung rigoros ab (Heinze 1992).

Auswahl der vier Fallbeispiele (Abb. 1 und Abb. 2)

Im Rahmen einer Vorstudie wurden 1989 insgesamt 72 Planungsverfahren bzw. Projekte aus Bayern, Baden-Württemberg und dem Saarland zum Zweck einer möglichen Vertiefung untersucht und bewertet. Die Auswahl erfolgte nach Problemschwerpunkten (natürliche landwirtschaftliche Produktionsbedingungen und Lage zu Verdichtungsräumen), so daß insgesamt vier Fallbeispiele und drei planerische Instrumente bzw. Verfahren in die Untersuchung einbezogen werden konnten.[6]

Quereinstieg und Aktionsforschungsansatz

Kein Verfahren wurde von der wissenschaftlichen Gruppe eigens initiiert (Quereinstieg). Da es sich aber um ein Erprobungs- und Entwicklungsvorhaben handelte, erlaubte sich die Forschungsgruppe gelegentlich Einflußnahmen, die dazu dienten, das schleppende Vorangehen eines örtlichen Vorhabens zu verbessern. Dahinter stand die These, daß gerade aus schwierigen Verfahren, die Umstände ihres Scheiterns oder "Doch-Noch-Gelingens" als besondere Erkenntnisse und Forschungsergebnisse herauszuarbeiten seien. Damit kam das Vorhaben in die Nähe der in den 70er Jahren verbreiteten Aktionsforschung, "durch die ein Forscher oder ein Forschungsteam in einem sozialen Beziehungsgefüge in Kooperation mit den betroffenen Personen aufgrund einer ersten Analyse Veränderungsprozesse in Gang setzt, beschreibt, kontrolliert und bezüglich der Effektivität zur Lösung eines bestimmten Problems beurteilt" (Pieper in: Haag u.a. 1972, S. 100).

---

[2] Prof. Dr. G. Kaule, Dipl.-Ing. B. Oppermann
[3] Prof. Dr. G. Endruweit, jetzt Universität Kiel, Prof. Dr. F. Luz, jetzt Fachhochschule Weihenstephan
[4] Prof. Dr. G. Weinschenck, Dipl.-Ing. agr. A. Feifel
[5] Prof. Dr. A. Heißenhuber, Dr. M. Köbler, Dr. T. Reitmayr

[6] Dies waren das Flurbereinigungsverfahren Marchtesreut und die Umsetzung der Landschaftsplanung Stephanskirchen in Bayern, sowie die Biotopvernetzungskonzeption Herbrechtingen und das Flurbereinigungsverfahren Sersheim in Baden-Württemberg.

BAYERN

Konflikte + Kriterien	Flächenverbrauch konkurrierende Nutzungen agrarindustrieller Fortschritt →		Flächenverbrauch konkurrierende Nutzung Umwidmung von Flächen (Erholung, Forst)	wichtige Erwerbsquelle Landwirtschaft, agrarindustrieller Fortschritt →		Aufgabe landwirtschaftlicher Nutzung, Aufforstung, Verödung "Simulationslandwirtschaft", Naturschutz
Zunehmende Verbindlichkeit für landwirtschaftliche Betriebe	Verdichtungsgebiet Landwirtschaftl. Vergleichszahl >35	Verdichtungsgebiet LVZ 25-34	Verdichtungsgebiet LVZ <25	ländliches Gebiet LVZ >35	ländliches Gebiet LVZ 25-34	ländliches Gebiet LVZ <25

Zunehmende Abhängigkeit von der Landwirtschaft als Erwerbsquelle
Zunehmende Chance zur Etablierung von Förderprogrammen →

	Verd. LVZ>35	Verd. LVZ 25-34	Verd. LVZ<25	ländl. LVZ>35	ländl. LVZ 25-34	ländl. LVZ<25
Kommunale Landschaftspläne			Schwarzenbruck	**Stephanskirchen** Postau / Weng / Wörth, Essenbach, Velden, Vorra, Hartenst., Lauingen	Neustadt / Donau	Cham Samerberg
Biotopverbund, Naturschutz- u. Landschaftspflege		Germeringer Westen		Mettenbacher Moos, Landsberger Platte	Sallingbach Taubertal	Lange Rhön Hindelang
Bodenordnung, Flurbereinigung				Bütthard Pfakofen		**Marchetsreut** Freinhausen, Bad Windsheim, Halblech, Arberg

BADEN-WÜRTTEMBERG

	Verdichtungsgebiet Ertragsmeßzahl >55	Verdichtungsgebiet EMZ 40-54	Verdichtungsgebiet EMZ 21-39	ländliches Gebiet EMZ >55	ländliches Gebiet EMZ 40-54	ländliches Gebiet EMZ 21-39
Kommunale Landschaftspläne				Kraichtal	Sipplingen	
Biotopverbundkonzeptionen	Erdmannhausen Obstadt-Weiher Karlsruhe-Wetterbach	Herbrechtingen Rheinstetten, Renningen, Sternenfels, Westl. Enzkreis		Eppingen-Rohrbach, Sinsheim-Eschelbach, Müllheim-Hügelheim	Gaienhofen, Krautheim, Bad-Schussenried, Otterswang, Ehingen-Granheim	
Naturschutz- und Landschaftspflegekonzepte		Ammertal Albtal			Elzwiesen / Rheinhausen Taubertal	Herrischried/ Waldshut
Bodenordnung, Flurbereinigung	Sersheim Vaihingen-Enz	Hattenhofen Wimsheim-Wurmberg			Haigerloch Ravenstein-Hüngheim	Donaueschingen Hettingen

Abb. 1: Matrix zur Auswahl der Planungsvorhaben in Bayern und Baden-Württemberg (Kaule et al. 1994, S. 4)

Unterschiedliche Problemlagen in den vier Fallbeispielen

Für jedes Verfahren wurde ein möglichst passendes Maßnahmenkonzept beantragt und durchgeführt. Im Flurbereinigungsverfahren Marchetsreut im Bayerischen Wald konnten die Probleme ländlicher Gebiete, die aufgrund der Aufforstungsprogramme der EU mit der Gefährdung von naturschutzbedeutsamen Flächen konfrontiert waren, demonstriert werden. Es wurde ein anspruchsvolles Konzept zum Biotopverbund verwirklicht, das in ein tragfähiges Pflege- und Sicherungskonzept überführt werden mußte. In diesem Rahmen wurden Verträge mit der örtlichen Landwirtschaft geschlossen. Dadurch wurde die Weiterbewirtschaftung steiler Hanglagen und die Nutzung von Naßwiesen in einer möglichst extensiven und traditionellen Form ermöglicht. Da mit diesem Konzept eine Änderung der Nutzungsform von Mahd zu Beweidung verbunden war, wurde ein Netz von Flächen zur Beobachtung der Vegetation eingerichtet.

Ziel der Umsetzung des Landschaftsplans in Stephanskirchen in Oberbayern war eine möglichst flächendeckende Extensivierung der landwirtschaftlichen Nutzung. Hier konnten zusammen mit den Landwirten neue Wege zur Umsetzung der Landschaftsplanung gegangen werden. Am Beispiel des Grünordnungsplans "Westerndorfer Filze" sollte gezeigt werden, daß Bebauungspläne zur Umsetzung von Zielen des Natur- und Umweltschutzes und zur Lösung von Konflikten zwischen Naturschutz, Landwirtschaft, Erholungsnutzung und Siedlungsentwicklung hilfreich sein können. In einem Ortsteil wird derzeit auf Initiative der Gemeinde das Verfahren einer ökologischen Dorferneuerung durchgeführt.

In Herbrechtingen auf der Schwäbischen Alb waren Konflikte zwischen landwirtschaftlicher Nutzung und den Erfordernissen des Grundwasserschutzes offensichtlich. Die Schutzgebiets- und Ausgleichsverordnung (SchALVO) war erst vor kurzem in Baden-Württemberg eingeführt worden, und zeigte noch wenig Wirkung. In Herbrechtingen wurde ein zwischenbehördlicher Arbeitskreis ins Leben gerufen, indem zwischen Landratsamt und Gemeinde verschiedene Maßnahmenpakete verhandelt wurden. Es wurde besonderer Wert auch auf die Aktivierung und Motivierung der Gemeinde gelegt, die sich für die Koordination zur Umsetzung der Biotopvernetzung nur eingeschränkt verantwortlich fühlte. Das Verfahren der Biotopvernetzung wird als Programm nur in Baden-Württemberg praktiziert.

Die Gemeinde Sersheim im Ballungsraum Stuttgart war Beispiel für die Probleme der Landwirtschaft in sehr fruchtbaren Gebieten in Verdichtungsräumen. Das schon weitgehend abgeschlossene Flurbereinigungsverfahren wurde zu einem sehr späten Zeitpunkt noch einmal auf Möglichkeiten hin untersucht, die Folgen der landschaftlichen Umgestaltung abzumildern. Um ein dauerhaft tragfähiges Finanzierungsprogramm für die Gemeinde zu sichern, wurde das Flurbereinigungsverfahren durch ein Biotopvernetzungskonzept ergänzt. Dieses Konzept diente als Grundlage für die Umsetzung.

Förderung von kommunikativen und kooperativen Planungselementen

In jedem Fallbeispiel wurden sowohl die Aktualisierung, Anpassung und Vertiefung der Planung als auch materielle Maßnahmen (z.B. Extensivierung oder Anlage von Acker- bzw. Wegrandstreifen) gefördert. Zur Förderung der Kommunikation und Kooperation vor Ort wurden in allen Verfahren ähnliche Maßnahmen, wie das Angebot einer landwirtschaftlichen Beratung, die Gründung von Arbeitskreisen und Aufklärungsveranstaltungen angeregt (strukturelle Maßnahmen). Die wissenschaftliche Begleitung übernahm durch die Untersuchungen zur Akzeptanz und durch die Projektsteuerung ebenfalls eine konstruktive Rolle in der Planung und Abwicklung der vier Teilprojekte.

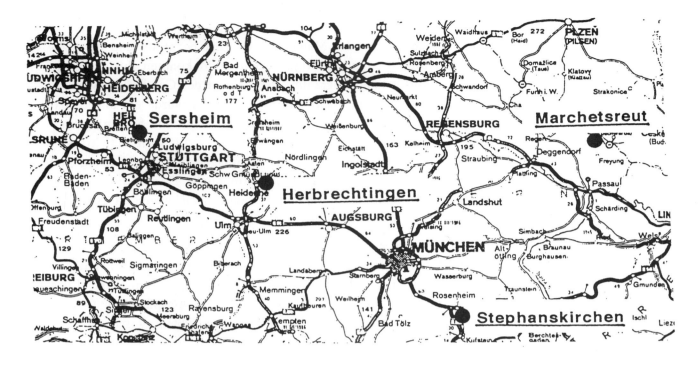

Abb. 2: Lage der vier Erprobungsgemeinden (Kaule et al. 1994, S. 30)

Vorläufiger Abschluß des Projektes, Ergebnis 1993 (Abb. 3)

Das Projekt wurde 1993 mit einer Diskussionsveranstaltung in Stephanskirchen vorläufig beendet. In den Vorträgen wurde dabei die Notwendigkeit einer Verstärkung von kommunikativen und kooperativen Planungselementen betont. Pläne zur Landschaftsentwicklung sollten von vorneherein Umsetzungsaspekte mitberücksichtigen. Die Thesen zur besseren Umsetzung von Planung mittels eines kommunikativen und kooperativen Planungsmodells bauen auf den Erprobungserfahrungen auf.

Nach einer Phase der Bestandsaufnahme wäre eine Phase der Bündelung und Projektsteuerung am Runden Tisch anzustreben. Deren Ziel ist die Vermittlung von Umweltwissen und landschaftsplanerischen Zielvorstellungen genauso wie die Ermittlung der örtlichen Umsetzungsbedingungen für ein Projekt. Zu den lokalen Determinanten der Umsetzung gehören die Klärung von Zuständigkeiten und Interessenlagen der Beteiligten sowie die Erhebung möglicher Konfliktkonstellationen im Projekt, die z.B. mit seiner Vorgeschichte verbunden sein können (Akzeptanzvoruntersuchung). Neben ersten Umsetzungsschritten sollte die Verhandlung über langfristige Umsetzungsschritte und deren Verwirklichung vorangetrieben werden. Gerade mit ersten kleineren Umsetzungserfolgen können die Akteure vor Ort gegenseitiges Vertrauen bilden, was die weitergehenden Schritte nachhaltig erleichtert. Frühzeitig geplante Erfolgskontrollen können Bedenken gegenüber Maßnahmen mit unsicherer Wirkung häufig mildern, weil eine Überprüfung der Annahmen zum Zweck der Feinsteuerung der Planung gewährleistet ist.

Gründe für die Wiederaufnahme und Erfolgskontrolle

Zum Abschluß des Erprobungs- und Entwicklungsprojektes waren einige Maßnahmen noch nicht beschreib- und beobachtbar, so daß die Wiederaufnahme zu einem späteren Zeitpunkt ins Auge gefaßt wurde. Die in den einzelnen Projekten verbliebenen Unsicherheiten über die Auswirkungen der geförderten Maßnahmen sollten durch eine Erfolgskontrolle und Evaluierung bewertet werden.

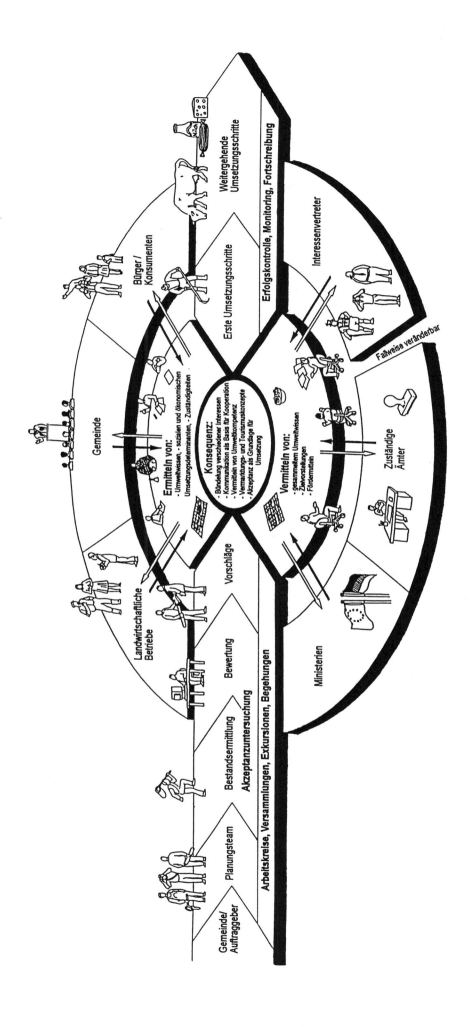

Abb. 3: Organisation von Kommunikation und Kooperation als Bündelungsprozess zur Umsetzung der Landschaftsplanung (Kaule et al. 1994, S. 134)

Nur in einigen Verfahren waren schon frühzeitig wichtige Vorentscheidungen hinsichtlich der Erfolgskontrolle getroffen worden, so z.B. in Sersheim mit einer umfassenden Voruntersuchung im Vaihinger Feld, die 1995 wiederholt werden konnte. In Marchetsreut war ein langfristig angelegtes Monitoringkonzept mithilfe von Beobachtungsflächen selbst die Erprobungsmaßnahme.

So ist eine strenge Messung von Erfolgs- oder Mißerfolgsindikatoren im Rahmen der gewählten Projektkonstellation (Zeitbudget, Finanzen, Erprobungscharakter) nicht möglich. Es geht in diesem Bericht um eine Neuinterpretation der Geschehnisse am Ort unter der Annahme, daß sich sowohl die Projekte als auch die Rahmenbedingungen dynamisch verändert haben. Daß schon zu Beginn eines Verfahrens über die möglichen Erfolgskontrollansätze nachgedacht werden muß, ist eine erste wichtige Erkenntnis der jetzigen Berichtsphase.

Die Fragestellungen lauten also: Inwieweit wurden wirklich stabile Kommunikationsstrukturen geschaffen? Haben diese den Menschen vor Ort geholfen, ihre Projekte weiterzuführen? Welche Veränderungen in den Rahmenbedingungen waren für Erfolge oder Mißerfolge mitverantwortlich, und welche hatten keinen Einfluß? Und, hat das Gesamtprojekt eine Pilotwirkung gehabt? Die jetzt erfolgte selbstkritische Rückschau wäre der ideale Ansatz zur Weiterführung, Aktivierung und Modifizierung der Projekte.

Der Pilotcharakter des Projektes kann zudem aus den Erfahrungen abgeleitet werden, die außerhalb der vier Erprobungsgemeinden beobachtet werden können. Dies sind
- die Wirkungen, die die Einzelprojekte, z.B. in den Nachbargemeinden auslösten,
- die Wirkungen, die die Bearbeiter, die als Pioniere in ihrem Tätigkeitsfeld bezeichnet werden können, in ihrem Umfeld angestoßen haben, und
- die Wirkungen, die das Gesamtprojekt in der Fachdiskussion auslösen konnte.

2 Wiederaufnahme und Erfolgskontrolle 1995/1996 (Oppermann)

2.1 Zum Stand der Planung und Umsetzung in den Erprobungsgemeinden zu Beginn der Wiederaufnahme und Erfolgskontrolle

2.1.1 Problemlage 1996: Agrarsituation, "schlanker" Staat und Dialogbedarf

Die EU-Agrarreform hat für die Landwirtschaft auf jeden Fall deutliche Auswirkungen auf die Höhe von Zahlungen für erbrachte Umweltleistungen. Die Abschwächung der Nutzungsintensität in Teilbereichen ist, z.B. hinsichtlich des Grundwasserschutzes, positiv zu beurteilen. Auch die flankierenden Maßnahmen werden sich tendenziell günstig auf die floristischen und faunistischen Ressourcen auswirken (Heißenhuber, Ring 1994). Allerdings sind in diesem Bereich auch negative Effekte der EU-Agrarreform zu erwarten, da der Kostendruck verstärkt wird und dies zu drastischen Einsparungen bei der Flächenbewirtschaftung zwingt. Der Trend zu einer Vereinfachung der Betriebsorganisation wird sich daher beschleunigen, was sich im Ergebnis in einer Verringerung der Diversität der Agrarnutzung zeigt. Als Beispiele sind die Vereinfachung von Fruchtfolgen und auch die Vergrößerung der Schläge anzuführen.

Aufgrund sinkender Produktpreise werden hinsichtlich des Bodenschutzes die dauerhaften flächenverbrauchenden Bodenschutzmaßnahmen, wie Erosionsschutzstreifen, die kurzfristigen ökonomischen Einbußen geringer ausfallen lassen. Andererseits steht diesen Maßnahmen langfristig jedoch ein geringerer ökonomischer Nutzen gegenüber. Im Bereich des Grundwasserschutzes sinken z.B. die Ausgleichszahlungen für Auflagen, da die wirtschaftlichen Nachteile aufgrund fallender Produktpreise und ertragsunabhängiger Flächenprämien geringer ausfallen. Zudem wird der wirtschaftliche Nachteil von kostenerhöhenden Maßnahmen, wie z.B. der Mulchsaat, wegen sinkender Preise zunehmen (Heißenhuber, Ring 1994).

Auf der anderen Seite bietet die Ausgestaltung der Agrarreform auch finanzielle Vorteile für Betriebe, die ein geringeres Ertragsniveau aufweisen bzw. von den Preissenkungen nicht direkt betroffen sind, wie z.B. Betriebe des ökologischen Landbaus. Darüber hinaus wird im Rahmen der flankierenden Maßnahmen der ökologische Landbau generell gefördert. Dies führte tendenziell zu einer weiteren Ausdehnung des ökologischen Landbaues, da wirtschaftliche Vorteile bei Betrieben mit geringeren naturalen Erträgen gegenüber Betrieben mit höheren naturalen Erträgen auftreten und zudem extensivere Wirtschaftsweisen zusätzlich gefördert werden (Heißenhuber, Köbler, Reitmayr 1996).

Die Finanzknappheit der Kommunen wurde erst nach dem vorläufigen Ende des Projektes in ihrer vollen Härte sichtbar. Die Wiedervereinigung verdeckte die prekäre Lage der kommunalen Finanzhaushalte. Unter dem Namen "Schlanker Staat" wird der Versuch gemacht, Verantwortung in den Hierachien nach unten zu verlagern. Im Zuge dieser Diskussion werden Versuche unternommen, die Beschäftigten und die Bürger verstärkt in die Mitverantwortung für die Geschicke der Gemeinde und das Gemeinwohl einzubinden, um so die Staatsausgaben zurückzuschrauben (Hill 1993, Reinermann 1995). Im Rahmen des zunehmenden Rückzugs des Staates aus wichtigen Verantwortungsbereichen ergibt sich für die Einschätzung zukünftiger Bürgerrechte Doppeldeutiges. Einerseits werden Beteiligungsrechte zurückgenommen, andererseits wird verstärkt auf das Mitwirkungsrecht der Bürger gebaut (Knemeyer 1995). Ohne Dialog und Kooperation mit den Betroffenen von Planung und den Bürgern einer Gemeinde wird die Umsetzung staatlicher Planungsabsichten und die Praxis tragfähiger Problemlösung als zunehmend aussichtslos angesehen.

2.1.2 Stand der Planung und Umsetzung in den vier Fallbeispielen zu Beginn der Wiederaufnahme und Erfolgskontrolle (vgl. Abb. 4)

2.1.2.1 Flurbereinigungsverfahren Marchetsreut (Bayern)

Die Direktion für Ländliche Entwicklung begleitete das Projekt bis in das Jahr 1996. Man wartete die Ergebnisse der Erfolgskontrolle ab, bevor das Verfahren endgültig abgeschlossen wurde. Nachdem die Maßnahme des Transfers von Milchkontingenten nach Marchetsreut nicht möglich war, wurde der Bau eines Stalls zur Mutterkuhhaltung angeregt. Den Anstoß gab dabei der freiberuflich tätige Agrarberater. Dieser hat auch das Selbstvermarktungskonzept für Rindfleisch für einen Betrieb in die Wege geleitet und betreut. Für die Ausbildung zum Umweltberater vor Ort erklärte sich ein Landwirt bereit, der aber die Prüfung zum anerkannten Naturschutzfachwirt nicht absolvierte.

Die Flächen zur Offenhaltung der Landschaft werden durch Auerochsen und Pinzgauer Rinder nun beweidet anstatt wie bisher gemäht. Der größte Teil des Biotopnetzes befindet sich im Besitz der Gemeinde und der Behörden. Diese Flächen sind per Grundbucheintrag mit Nutzungsauflagen gesichert. Nach den Programmen sind die Flächen, die sich in bäuerlichem Besitz befinden für 5 Jahre per Vertrag in ihrer Nutzung festgeschrieben, danach wird erneut über Programme verhandelt. Vor Ort ergeben sich hauptsächlich praktische Probleme mit dem Schnittzeitpunkt für die Vertragsflächen.

Das Landschaftsplanungsbüro installierte ein Netz von Beobachtungsflächen zur Abschätzung der Landschaftsveränderungen. Die Entwicklung des von der Flurbereinigung angelegten Biotopnetzes wird relativ grob betrachtet, die Entwicklung der Wiesen zu Weiden wird durch aufwendigere Vegetationsaufnahmen dokumentiert. Die Direktion für Ländliche Entwicklung erstellte ein Faltblatt und nahm mit dem Verfahren an einem Wettbewerb teil. Das Verfahren wurde jedoch nicht prämiert. In der Phase der Erfolgskontrolle wurde von betriebswirtschaftlicher Seite die Zufriedenheit der Landwirte mit den begonnenen Vermarktungsinitiativen und neuen Tierhaltungsformen, und aus der Sicht der Landschaftsplaner die Tauglichkeit des eingerichteten Monitoringkonzepts überprüft und beurteilt. In einer Abschlußsitzung mit den Bauern wurden insbesondere Bewirtschaftungsprobleme mit dem vorgegebenen fixen Schnittzeitpunkt offen diskutiert.

2.1.2.2 Landschaftsplanung Stephanskirchen (Bayern)

In Stephanskirchen wurde der Landschaftsplan von der Seite der Gemeinde mit großem Engagement umgesetzt, so daß sich hier die Erprobungsmaßnahmen optimal mit den Gemeindeaktivitäten abstimmen ließen. Der Grünordnungsplan "Westerndorfer Filze" wurde im Gemeinderat im Herbst 1995 verabschiedet. Dazu waren zahlreiche Termine mit übergeordneten Behörden durchgeführt worden, da das Ziel des Plans, Natur- und Landschaft mittels eines Bebauungsplanverfahrens zu sichern, auch von den Aufsichtsbehörden als Neuland angesehen wurde. Mittlerweile hat Stephanskirchen die Fortschreibung des kommunalen Landschaftsplans beschlossen. Die Aktivitäten in Stephanskirchen stießen auch auf überörtliches Interesse. Die Gemeinde Stephanskirchen wurde von zahlreichen Universitäten und Weiterbildungsinstitutionen besucht. Die Ergebnisse wurden in mehreren umfangreichen Broschüren dokumentiert.

Die große Teilnahmebereitschaft der Landwirte an dem Programm der "ökologischen Modellbetriebe" konnte schon im Abschlußbericht 1993 dokumentiert werden. Die Initiativen zur lokalen Vermarktung der erzeugten Produkte setzen hier an. Zuvor war durch eine Verbraucherumfrage geprüft worden, ob sich dieses Konzept mit zusätzlichen Investitionen lohnen würde. Drei Landwirte unternahmen es, mit umfangreichen Eigenmitteln und Mitteln der Dorferneuerung, eine Pasteurisierungsanlage zu bauen, um Milch direkt auszuliefern. Ein Landwirt richtete aus Eigeninitiative eine Hofkäserei ein. Die Gruppe der ökologisch wirtschaftenden Betriebe bietet heute ihre Produkte auf einem Bauernmarkt an. Angebote von Äpfeln aus Streuobstwiesen von nicht am Programm teilnehmenden Betrieben wurden nicht zugelassen, um die Anreize für eine Umstellung der Betriebe nicht zu mindern. Zahlreiche kleinere Biotopneuschaffungs- und Biotopsicherungsmaßnahmen wurden auf dem Grund der ökologisch wirtschaftenden Landwirte verwirklicht.

In der Erfolgskontrolle lohnte sich eine umfassendere Untersuchung zu den ökonomischen und ökologischen Wirkungen der Betriebsumstellungen aufgrund der Teilnahme von 22 Betrieben an dem Programm der "ökologischen Modellbetriebe". Der Landschaftsplaner dokumentierte den Planungsprozeß für den Grünordnungsplan "Westerndorfer Filze".

2.1.2.3 Biotopvernetzung Herbrechtingen (Baden-Württemberg)

In Herbrechtingen verzögerte sich die Beantragung und Durchführung der Maßnahmen, so daß am Ende der ersten Berichtsphase besonderer Wert auf die beobachteten Schwierigkeiten gelegt wurde. Der Gemeinderat hatte die Maßnahmen zu Beginn des Verfahrens äußerst skeptisch beurteilt. Bevor man dem Verfahren überhaupt zustimmte, wurde eine Exkursion nach Stephanskirchen organisiert. Im zweiten Schritt engagierte sich die Gemeinde in dem einberufenen zwischenbehördlichen Arbeitskreis, in dem die Probleme der Umsetzung gemeinsam untersucht wurden.

Flächenhafte Maßnahmen zum Schutz des Grundwassers waren durch staatliche Auflagen und Ausgleichszahlungen geregelt (SchALVO), so daß hier keine weitergehenden Schritte unternommen wurden. Im Rahmen der Biotopvernetzung sollten einzelne Vertiefungsgebiete bearbeitet werden, um so eine Anschubwirkung im Projekt zu erreichen. In Herbrechtingen konnten im Zuge der Agrarberatung einige Vertragsabschlüsse für Wiesenstreifen und Ackerrandstreifen erreicht werden. Der örtliche Agrarberater hat zudem darauf hingewiesen, daß einige Landwirte, die ökologisch wirtschaften, zusätzliche Maßnahmen auf ihrem Grund verwirklichten. Auch hier gelten die Vertragsabschlüsse zunächst 5 Jahre. Im Zuge des Projektabschlusses wurde darüber diskutiert, ob eine Erweiterung auf Gebiete, in denen die Flurbereinigung jetzt abgeschlossen ist, sinnvoll ist. Dies wurde im Grunde bejaht, aber aufgrund der mangelnden Absicherung der Projekterfolge in den Demonstrationsgebieten noch einmal vertagt.

Das zuständige Landwirtschaftsamt hatte die Programmabwicklung übernommen. In dieser Zuständigkeit wurde in Herbrechtingen die vertragsgemäße Bewirtschaftung einer Fläche erst über Nachverhandlungen mit dem Landwirt durchgesetzt. Der Agrarberater hatte für diese Kontrollaktivitäten keinen Auftrag erhalten und nur aufgrund seines persönlichen Interesses einige Stichprobenrundgänge unternommen. Mit dem zuständigen Mitarbeiter der Stadt und dem Gemeinderat wurde ein Feldrundgang organisiert. Es ergaben sich, wie in Marchetsreut und Sersheim, kleinere praktische Probleme mit der Bewirtschaftung. Die langfristige Sicherung der Flächen stellt sich jetzt als neue Aufgabe der Gemeinde dar.

In Herbrechtingen wurden mit allen Landwirten, die an dem Programm teilgenommen hatten, Gespräche zur Praktikabilität der Programmauflagen und zu deren ökonomischen Effekten geführt. Die Wiesen- und Ackerrandstreifen sowie einige flächenhafte Ackerextensivierungen wurden bezüglich ihrer Funktion für den Biotop- und Artenschutz geprüft. So können die Erfolgsbedingungen zur Einrichtung weiterer solcher Flächen in Herbrechtingen besser eingeschätzt werden.

2.1.2.4 Flurbereinigungsverfahren Sersheim (Baden-Württemberg)

Auch in Sersheim war, wie in Herbrechtingen, ein zweistufiges Antragsverfahren gewählt worden, um in einem ersten Schritt die Randbedingungen für die Maßnahmendurchführung zu verbessern und im zweiten Schritt die Maßnahmen selbst voranzutreiben. Durch die Bereitschaft der Gemeinde, einen Schutzstreifen beispielhaft zu bewirtschaften und zu pflegen war es möglich geworden, ökologische Maßnahmen mithilfe des Flurbereinigungskonzeptes umzusetzen. In Sersheim waren Wegrandstreifen und Ackerrandstreifen angelegt worden.

Die Maßnahmen wurden von einem begleitenden Arbeitskreis entwickelt, durchgeführt und überprüft. Dieser wurde von der Gemeinde einberufen und inhaltlich getragen. Die Gemeinde hatte eine Broschüre zu den Aktivitäten des Projektes mitherausgegeben. Seitdem gab es keine weiteren Aufklärungsveranstaltungen (Stand Frühsommer 1996).

Die zuständige Gemeindemitarbeiterin hatte die Streifen während der Jahre immer wieder persönlich beobachtet, konnte aber Erfolg oder Mißerfolg nicht beurteilen. Sie vermißte den anfangs vorhandenen Blühreichtum der Streifen.

Das Flurbereinigungsverfahren ist aufgrund personeller Engpässe noch nicht abgeschlossen. Die Gemeinde erklärt sich für ihre Flächen verantwortlich, betont aber gleichzeitig, daß ihr Beitrag als Motivationsmaßnahme für die Landwirte, nicht jedoch als aktive Teilnahme am Programm zur Verbesserung der Flurdurchgrünung gedacht war. Eine Fläche war als Zwischennutzung für den geplanten und nun forcierten Bau einer Umgehungsstraße eingebracht worden.

In Sersheim wurden ebenfalls noch einmal mit allen Landwirten Gespräche geführt. Die Effekte der Flurneuordnung waren in einigen Gebieten während des Projektes umstritten gewesen. Aufgrund einer vor der Besitzeinweisung durchgeführten Kartierung konnten nun nach der Besitzeinweisung vergleichende vegetationskundliche und zoologische Untersuchungen zur Klärung der Streitfragen beitragen.

	Marchetsreut	Stephanskirchen	Herbrechtingen	Sersheim
Planerische Maßnahmen	Akzeptanzvoruntersuchung	Akzeptanzvoruntersuchung	Akzeptanzvoruntersuchung	Akzeptanzvoruntersuchung
	Monitoringkonzept: Flora Fauna	Koordinierung der Umsetzung der Landschaftsplanung, Grünordnungsplan Westerndorfer Filze	Testlauf und Konzept für Vertiefungsgebiete: Ugenhof und Wangenhof	Konzept zur Ökologisierung der Flurbereinigung
		Grünordnungsplan mit ökologischen Zielen		
		Verbraucherbefragung		
Materielle Maßnahmen	Bau eines Stalls für Mutterkühe	Pasteurisierungsanlage		
	Förderung der Mutterkuhhaltung zur Offenhaltung aufforstungsgefährdeter Flächen (Pinzgauer)	Förderprogramm: Ökologische Modellbetriebe		Förderprogramm: Wegrandstreifen, Zusammenstellung von Saatgutmischungen
Strukturelle Maßnahmen: Kommunikation und Kooperation	Umweltberater aus den Reihen der Landwirtschaft			
	Professioneller Agrarberater	Professioneller Agrarberater	Behördlicher Agrarberater	Professioneller Agrarberater
			Exkursion mit Landwirten nach Stephanskirchen	
				Beantragung des Verfahrens als Biotopvernetzungskonzept
			Zwischenbehördlicher Arbeitskreis	Zwischenbehördlicher Arbeitskreis
Eigenmaßnahmen	Selbstvermarktung	Hofkäserei	Obstbaumreihe, Biotopmaßnahmen	Feldbegehung
	Reise nach Polen, Auerochsenbeschaffung	Exkursion nach Bremen zum Bau der Pasteurisierungsanlage		
	Faltblatt	Projektdokumentation		Aufklärungsbroschüre
		Markenzeichen, Bauernmarkt, kommunaler Landschaftspflegeverein, Fortschreibung Landschaftsplan		
Erfolgskontrolle	Tauglichkeit des Monitoringkonzepts	Dokumentation Grünordnungsplan	vegetationskundliche Bewertung der Biotopvernetzungsmaßnahmen	floristische und faunistische Vorher-Nachher-Untersuchung (Ausschnitte)
	Effekte des betriebswirtschaftlichen Vermarktungskonzeptes	betriebswirtschaftliche Einkommen, Stickstoff- u. Chemiebilanzierung	Handhabbarkeit der Streifen aus der Sicht der Betriebe	Handhabbarkeit der Streifen aus der Sicht der Betriebe
	Akzeptanzuntersuchung	Akzeptanzuntersuchung	Akzeptanzuntersuchung	Akzeptanzuntersuchung

Abb. 4: Übersicht über die während des Projektes durchgeführten Maßnahmen

2.2 Erfolgskontrolluntersuchungen

2.2.1 Typen und Funktionen von Evaluation und Erfolgskontrolle

Idealtypisch sind Planungsprojekte durch einen eindeutigen Beginn und Endpunkt gekennzeichnet. In der Realität reichen die Wirkungen der Planungsaktivitäten über den gesetzten Beginn und Endpunkt aber weit hinaus. Klassische Erfolgskontrolluntersuchungen setzen am Ende der Projekte mit der Untersuchung von positiven und negativen Wirkungen an, und vernachlässigen dabei häufig die Dynamik der Rahmenbedingungen oder die genauso auftretenden ungeplanten (positiven und negativen) Wirkungen von Projektaktivitäten.

Geht man davon aus, daß sich sowohl soziale Systeme als auch Ökosysteme ohne unser direktes Zutun verändern und entwickeln, müssen Planungsziele und Planungsaktivitäten immer unter großer Unsicherheit abgeleitet und durchgeführt werden. Zum Erfolg gehört deshalb auch die gelungene Umorientierung und Neufassung von Zielen, falls sich zu viele Annahmen nicht halten lassen, oder sich die Randbedingungen der Planung ändern. Die konstruktive Steuerung eines Planungs- oder Umsetzungsprozeßes beruht auf einer stetigen Überprüfung der Planungsaktivitäten und ihrem Umfeld. In diesem Sinn dienen Erfolgskontrolluntersuchungen dazu, diese Aktivitäten zu unterstützen und sind weniger dazu da, Sanktionen zu begründen (Abb. 5).

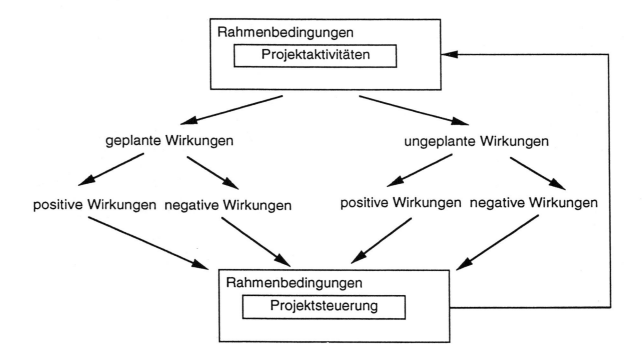

Abb. 5: Die Überprüfung der Wirkungen von Projektaktivitäten sollte der Steuerung von Planungsprozessen dienen (verändert nach Bolay 1989)

Mit der Forderung nach mehr Flexibilität in der Planung gewinnt die Forderung nach einer Verstärkung reflexiver Planungselemente zusätzliches Gewicht. An den Schnittstellen zwischen den Planungsphasen können unterschiedlichste analytische Betrachtungen zur Evaluierung ansetzen. Insgesamt können drei grundsätzlich unterschiedliche Ansätze und Zwecke von Erfolgskontroll- und Evaluierungsuntersuchungen unterschieden werden (Abb. 6) (vgl. auch Endruweit 1996).

Evaluations-typ	Funktion	Methode und reflexive Planungselemente	Gegenstand der Beobachtung	Ansätze aus den Fallbeispielen
1 Prozeß-gestaltend, formativ	1.1 Aktivierung, Neuanfang (Kick-off), Fortschreibung	Problemanalyse nach einem abgeschlossenen Projekt, Machbarkeitsanalysen, Iteration	Handlungsbedarf, Potentiale, vertrauensbildende Maßnahmen	Zielorientierte Projektplanung (ZOPP)
	1.2 subjektive Wahrnehmung durch Zielgruppen	Akzeptanzvoruntersuchung, Partizipationswünsche	Einstellungen, Vorbelastungen	Akzeptanzvoruntersuchung
	1.3 Verfahrenssteuerung, intern	Prüfstellen, Feed-backs, Vertrauensbildung durch frühzeitige erste Umsetzungsmaßnahmen	Entscheidungsabfolge, Projektfortschrittskontrolle, erste Effekte von Maßnahmen	Arbeitskreise
	1.4 Verfahrenssteuerung, extern (Legitimation, Transparenz)	Supervision, Begleitforschung	kritische Planungskonstellationen, Verfahrensdynamik (Krisen, Euphorische Phasen)	Arbeitskreise und Gespräche mit Außenstehenden, Begleitforschung
	1.5 Kontrolle, Monitoring, Betreuung, Nachbesserung	Verantwortlichkeit im Rahmen konkreter Ziele: Prüfstellen, Mißbrauchsfälle, Lob und Unterstützung, "Abnahme", Fehlerbeseitigung	gerechte Anwendung der ausgehandelten Vereinbarungen, Maßnahmendurchführung, Zielerreichung, Reversibilität der nicht erwünschten Folgen, Stabilität	Kartierung, Felderbegehungen, vegetationskundliche Bewertung
	1.6 Projektwahrnehmung durch Öffentlichkeit	Vermittlung der Projektziele und Projektaktivitäten, Partizipation	Berichterstattung aus dem Projekt, Presse etc.	Presseberichterstattung, Dokumentationen
2 Prozeß-bewertend, summativ	2.1 Rechenschaft: Marketing, Werbung, Wettbewerb	Dokumentation und Bewertung: Erfolgsanalyse, Vergleichsmaßstäbe	Maßnahmendurchführung, Zielerreichung, Vergleichsmaßstäbe	Selbstkontrolle Markenzeichen
	2.2 pragmatisch-argumentative Erfolgsbilanz	Erfolge und Mißerfolge, Akzeptanzuntersuchung, Plausibilitätstests	Zufriedenheit der Beteiligten, Selbstkritik	Dokumentation, betriebswirtschaftliche Befragung, Akzeptanzuntersuchung
	2.3 methodische Bilanz (intern oder extern)	Bilanzen, Vergleiche, Zeitreihen	Zielerreichung, Vorher-Nachher-Untersuchung, Aufwand und Nutzen	vegetationskundliche Beweissicherung od. Erfolgsbewertung, Betriebliche Nährstoff- und Chemiebilanz
	2.4 Langzeitbeobachtung	Check-up, Follow-up über lange Zeitreihen, Analyse der Veränderung von Rahmenbedingungen	Zielerreichung, Time-lag der Maßnahmenwirkungen, Aufwand und Nutzen, Zufriedenheit der Beteiligten	Wiederaufnahme und Erfolgskontrolle
3 Prozeß-entwickelnd (Entwicklung und Erprobung)	3.1 wiss.-kausaler Beweis, Zustands- u. Wirkungsanalyse	wissenschaftliche Untersuchung, Labortest, Plausibilitätstest	Thesengerüst und kontrollierbare Variablen: Analyse des Routinesystems	Überprüfung von Thesen und Annahmen, Untersuchungen zur Vegetationsentwicklung
	3.2 Pilot-, Erprobungs-, Demonstrationsfunktion	Übertragung auf andere Projekte, Entwicklung von Prototypen	Nachahmungs-, Lern und Verbreitungseffekte: Innovationen	Vorträge, Veröffentlichungen, Beantwortung von Anfragen
	3.3 Entwicklung anwendungsorientierter Instrumente	Quervergleich, Kategorisierung, Systematisierung von Planungsprozessen	Ähnlichkeiten und Unterschiede, relativierende Kritik: Pilotsystem	Berichte der Planer und Berater über externe Projekte, Projektvergleiche

Abb. 6: Typen und Funktionen von Erfolgskontrolluntersuchungen

Evaluationstyp 1: Den Planungsprozeß gestaltend (formativ)

Im Verlauf des Projektes werden Steuerungs- und Betreuungsmaßnahmen durchgeführt, die als Teil des Projekts zu dessen Konstruktion beitragen. Problemanalysen dienen dazu, Projekte überhaupt erst ins Leben zu rufen oder begonnene Projektaktivitäten fortzuschreiben. Um unter unsicheren Bedingungen zu schnellen Entscheidungen zu kommen, ohne allzu große Risiken einzugehen, werden Begleitmaßnahmen zur frühzeitigen Wirkungsbeurteilung und Steuerung in zunehmendem Maße eingesetzt.

Der Wille, Projektaktivitäten auf bestimmte Zielgruppen hin auszurichten, setzt z.B. voraus, daß man über die Werthaltungen und subjektiven Beurteilungen eines Projekts aus der Sicht der jeweiligen Gruppe Bescheid weiß. Dann können diese Interessen in das Projekt eingebunden werden, und so eine fördernde Funktion bekommen.

Grundsätzlich gilt, daß mit der Umsetzung zunächst auch nicht bedachte Probleme auftreten können, die im Verlauf des Umsetzungsprozeßes notwendigerweise gelöst werden müssen. Dafür muß in verstärktem Maße auch Fachkapazität zur Verfügung stehen. Ein Projekt scheitert meist nicht an den auftretenden Problemen, sondern an der unadäquaten Behandlung dieser Schwierigkeiten. Die konstruktive Funktion von Erfolgskontrollmaßnahmen kann sogar an offensichtlichen Mißerfolgen von Teilprojekten dargestellt werden. Sofern Fehler frühzeitig erkannt und intern behandelt werden, können sie im weiteren Verlauf des Projektes helfen, Lerneffekte zu erzielen und andere Maßnahmen besser zu konzipieren.

Evaluationstyp 2: Den Planungsprozeß bewertend (summativ)

Dies sind Maßnahmen, die den Verlauf des Prozesses hinsichtlich der erreichten Erfolge oder Mißerfolge im Nachhinein bewerten, wobei auch diese Ergebnisse als konstruktive Maßnahmen im Sinne einer Langfristplanung gedeutet werden können. Da in der Planung häufig mit unsicheren Annahmen gearbeitet werden muß, gibt es einen großen Bedarf, diese Thesen auch zu überprüfen. Häufig können Entscheidungen dann leichter gefällt werden, wenn ihr unsicherer Charakter deutlich herausgestellt wird, und es eine Möglichkeit der nachträglichen Bilanzierung der Maßnahmen gibt (Jessel 1996).

Im besten Falle bewahrheiten sich die positiven Projektannahmen. Aus diesen Untersuchungen ergeben sich vielfältige Möglichkeiten für die Öffentlichkeitsarbeit, indem diese Erfolge gebührend herausgestellt werden, z.B. in Wettbewerben. Theoretisch sind in der Planung zwei Modelle zu unterscheiden:
- Planungsprojekte können langfristig angelegt sein. Ober- oder Leitziele bestimmen die grundsätzliche Richtung. Der Planungsprozeß ist in einzelne Planungsphasen unterteilt, die jeweils für sich evaluiert und überprüft werden können. Erfolgskontrollen können an definierten Zwischenzielen ansetzen.
- Oder es können unterschiedliche Projekte nacheinander so durchgeführt werden, daß nach dem Abschluß eines Projektbausteins eine Erfolgskontrolluntersuchung erfolgt. Aufgrund der Ergebnisse kann eine Problemanalyse erfolgen, die einen Neuanfang oder eine Fortschreibung des Projektes rechtfertigt.

Praktisch gehen beide Modelle von einem zyklischen Planungsverständnis aus, bei dem Lösungen in iterativer Art und Weise entwickelt werden (Rittel 1970). Die am Ende eines Planungsprozesses stehenden summativen Kontrollelemente können in der Langfristperspektive so auch als Prozeß gestaltende, formative Elemente angesehen werden (Evaluationstyp 1).

Evaluationstyp 3: Den Planungsprozeß entwickelnd (Entwicklung und Erprobung)

Unter den Planungsprozeß unterstützenden und innovierenden Maßnahmen werden solche verstanden, die sich aus dem besonderen Anspruch eines Projektes z.B. als Pilotprojekt oder als wissenschaftliches Experiment ergeben. Die wissenschaftlich-methodische Überprüfung von Thesen zur Planungspraxis ist äußerst schwierig. Auf der einen Seite ist die vertiefende Betrachtung von Planungsfällen notwendig, auf der anderen Seite wäre eine Darstellung möglichst vieler Planungsfälle vonnöten, um überhaupt einzelne veränderte Variablen aus den Fällen herauszukristallisieren. Trotz dieses Dilemmas können Hinweise erarbeitet werden, wie Innovationen zu einer breiten Anwendung kommen und welche Planungskonzeptionen in definierten Anwendungsfeldern zum Erfolg gebracht werden können.

2.2.2 Aufwand und Ansatzpunkt für Erfolgskontrolluntersuchungen

Neben der Funktion von Erfolgskontrolluntersuchungen (Kap. 2.2.1) sind der Aufwand und der zeitliche Ansatzpunkt bzw. der Rhythmus der Untersuchungen ebenfalls von Bedeutung. Sie spielen eine wichtige Rolle hinsichtlich der Aussagefähigkeit der Ergebnisse (Abb. 7).

	vorher-nachher	kontinuierlich	am Ende	langfristig nach Abschluß	Verfahrens-vergleich
Aufwand hoch	Aktivierung, Neuanfang (1.1)	Verfahrenssteuerung, intern (1.2) Kontrolle, Monitoring, Betreuung (1.5)	Rechenschaft (2.1) methodische Bilanz (2.3) wissenschaftlich-kausaler Beweis (3.1)	wissenschaftlich-kausaler Beweis (3.1)	wissenschaftlich-kausaler Beweis (3.1)
Aufwand niedrig	Projektwahrnehmung durch Zielgruppen (1.2)	Verfahrenssteuerung, intern (1.3) Verfahrenssteuerung, extern (1.4)	Projektwahrnehmung durch Öffentlichkeit (1.6) pragmatische Erfolgsbilanz (2.2) Pilot-, Erprobungs-, Demonstrationsfunktion (3.2)	Langzeitbeobachtung (2.4)	Entwicklung anwendungsorientierter Instrumente, Übertragung und generelle Verallgemeinerbarkeit der Aussagen (3.3)

Abb. 7: Aufwand und Ansatzpunkte von reflexiven Verfahrenselementen (Nummern beziehen sich auf Abb. 6)

Es bestätigt sich immer wieder, daß einmalig anzuwendende Schnellmethoden nur einen sehr beschränkten Anwendungsbereich haben, daß sie aber als ergänzendes Kontrollelement in der Planung eine wichtige Rolle spielen können. Kann man aufwendige Untersuchungen häufig nur einmal durchführen, bieten sich unaufwendige Methoden zur Wiederholung an. Gerade die Wiederholung über einen längeren Zeitraum hinweg kann wertvolle Hinweise zur Dynamik der erzielten Veränderungen geben. Vorteile solcher Schnellverfahren sind:
- die Chance, sich schnell einen Überblick über die Lage zu verschaffen, und frühzeitig konstruktive Vorschläge zu machen,
- die Chance, genügend Offenheit und Flexibilität im Planungsprozess zu bewahren, wobei eine wichtige Aufgabe der Planer die Beurteilung der Sicherheit oder Unsicherheit der angenommenen Thesen über Wirkungsverflechtungen ist.

Als Nachteil ist zu bedenken, daß unvollständige und korrekturbedürftige Ergebnisse erzielt werden ("Halbfertigprodukte"), mit denen man sich häufig ohne weitere Validierung zufrieden gibt. Schnellmethoden dürfen deshalb qualifizierte Methoden nicht ersetzen.

Schließlich spielen aber auch die Akteure und Adressaten eine Rolle im Evaluierungsprozeß, so daß der subjektiven Zufriedenheit heute mehr Aufmerksamkeit zuteil wird als früher. Hier verschwimmen die Erfolgsmaßstäbe, da das Anspruchsniveau für die Erfolgsdefinition ebenfalls subjektiv ist. Das Anspruchsniveau kann sich z.B. auch während eines Projektes ändern: sinken, weil man erkannt hat, daß zu hohe Erwartungen in das Projekt gesteckt wurden, oder steigen, weil Bildungseffekte eingetreten sind. Je zielgruppenspezifischer die Umsetzungsanforderungen eines Plans sind, desto wichtiger wird die Zufriedenheit der am Prozeß Beteiligten als ein zusätzliches Kriterium der Beurteilung des Planungsverfahrens (vgl. auch Kap. 5).

2.3 Merkmale der Wiederaufnahme und Erfolgskontrolle in den vier Fallbeispielen

Erfolgskontrollen und Evaluierungsmaßnahmen waren zu Anfang des Erprobungs- und Entwicklungsprojektes nicht geplant, wurden aber als Ergebnis des Endberichts 1993 für sinnvoll erachtet. Daraus haben sich einige Schwierigkeiten für das Untersuchungskonzept ergeben.

Der Schritt der Wiederaufnahme des Projekts wurde wieder als Quereinstieg organisiert. Das bedeutet, daß weitegehend dieselben Personen die Untersuchungen durchführten, die in der Zeit von 1989 bis 1993 beteiligt waren. Das Projekt blieb in der Hand der Planer und der Akteure vor Ort. Diese grundsätzliche Entscheidung ist pragmatisch begründet, da es für neue Mitarbeiter zuviel Aufwand bedeutet hätte, sich einzuarbeiten. Gleichzeitig kann hier noch einmal das Selbstverständnis der Projektverantwortlichen dargestellt und in die Diskussion eingebracht werden, und es können deren Detailkenntnisse bezüglich der Aktivitäten, Schwierigkeiten und Einschätzungen von Schlüsselerlebnissen genutzt werden.Die Ergebnisse sind auch deshalb nicht zu verallgemeinern, weil sie an ganz unterschiedlichen Fragen und Problemen ansetzen, und die individuellen Sichtweisen und persönlichen Einschätzungen beleuchten. Hier kann man einwenden, daß es eigentlich nicht im Sinne eines guten Evaluationsprojektes ist, daß dieselben Mitarbeiter, die die Maßnahmen planen und umsetzen die Erfolgskontrolluntersuchungen durchführen. Bestimmte Beurteilungskriterien, wie zum Beispiel die Neutralität von Verfahrensvermittlern sind unter Umständen besser durch externe Evaluatoren zu beurteilen.

Es ist aber gerade für die Programmverantwortlichen und Initiatoren von Maßnahmen besonders wichtig, Hinweise zur Praktikabilität und Funktionalität ihrer eigenen Vorschläge zu bekommen. Die eigene Befangenheit darf den selbstkritischen Blick der Bearbeiter auf ihre Ergebnisse nicht trüben. Der Baustein der Erfolgskontrolle wird deshalb in diesem Projekt eher als ein selbstreflexiver Planungsbaustein angesehen, der dazu dient, die Projektziele im Nachhinein aus einer aktuellen Perspektive zu hinterfragen, und als Planerin oder Planer dazu zu lernen.

Die zu vertiefenden Fragestellungen wurden gemeinsam mit den Projektbearbeitern vor Ort und nach dem Stellenwert der Maßnahmen im Projekt bestimmt. Es erschien nicht sinnvoll, in Sersheim tiefgreifende betriebswirtschaftliche Untersuchungen durchzuführen, wenn der Maßnahmenschwerpunkt auf der Einrichtung von Wegrandstreifen lag. Die Ergebnisse der Erfolgskontrolluntersuchungen sind deshalb einzelfallspezifisch zu interpretieren. Ein Vergleich der Verfahren nach einem gemeinsamen Maßstab entspricht nicht dem Ansatz des Erprobungs- und Entwicklungsprojektes.

Analog zu den Konzepten der Post-occupancy-Evaluation (= nutzungsorientierte Bewertung gebauter Umwelten), bei denen architektonische Bauwerke und gebaute Umwelt nach ihrer Inbesitznahme durch die Nutzer noch einmal intensiv in Augenschein genommen und daraufhin Fehler beseitigt werden, kann man in den vier Projekten mithilfe des Erprobungskonzepts lokale Planungsergebnisse aus der Sicht derjenigen, die damit leben müssen beurteilen und bewerten (Schuemer 1995). Die Erfolge und Mißerfolge können sowohl Ansporn für die Fortführung oder Neuaufnahme des Projektes sein, oder aber den Beteiligten die Gelegenheit bieten, unter das Verfahren einen Schlußstrich zu ziehen.

Es ist vom BMU nicht geplant, die Projekte fortzuführen, mit der neuen Beschreibung des Projektstandes im Jahr 1996 könnten die Verantwortlichen vor Ort aber durchaus konstruktiv weiterarbeiten. Erfolgskontrollstudien haben unter anderem auch die Funktion, Rechenschaft zu geben und Transparenz im Verfahren zu schaffen. Wenn sie erfolgreich verlaufen sind, können sie dazu dienen, Werbung für ein bestimmtes Modell der Planung zu machen. Langzeitbeobachtungen sind nicht nur für die Projektträger sondern auch für ähnlich gelagerte Fallbeispiele von großem Wert und werden gerade bei zunächst erfolgreich erscheinenden Projekten viel zu selten durchgeführt.

Das Problem der langfristigen Sicherung der Ergebnisse wurde in allen Verfahren ausführlich behandelt und zum Teil gelöst. Insofern haben die Aktivitäten des Jahres 1996 auf jeden Fall eine wichtige Planungsfunktion gehabt.

3 Akzeptanzbedingungen für Kommunikation und Kooperation in der Landschaftsplanung (Luz)

Im Sinne einer "Follow-up-Studie" wurden zu allen vier Verfahren anhand eines speziell hierfür entwickelten Leitfadens Gespräche mit wichtigen Akteuren geführt, die alle schon einmal während der Hauptstudie befragt wurden. In der Regel wurden Bürgermeister, Planer, einige Gemeinderäte, Mitglieder der Verwaltungen, die Landwirtschaftsvertreter sowie einige betroffene Landwirte befragt. Insgesamt wurden ca. 40 Interviews in vier Gemeinden während mehrtägiger Aufenthalte vor Ort durchgeführt. Dadurch konnten mit relativ überschaubarem Aufwand sowohl generelle Stimmungsbilder als auch detaillierte Einblicke zu Einzelfragen im Zusammenhang mit den Erprobungsmaßnahmen gewonnen werden. Es wurde darauf geachtet, daß auch Landwirte befragt wurden, die nicht an den Maßnahmen teilgenommen hatten und diesen bisher skeptisch gegenüberstanden. Ebenso konnten Landwirte befragt werden, die sich während der Gespräche 1992 abwartend oder skeptisch äußerten, jedoch zwischenzeitlich an Maßnahmen wie gesamtbetrieblicher Extensivierung teilgenommen haben. Dadurch konnten mögliche Änderungen in der Einstellung vor und nach Beginn der Erprobungsmaßnahmen erfaßt werden.

3.1 Zur Akzeptanz der Maßnahmen in den Erprobungsgemeinden

3.1.1 Flurbereinigung Marchetsreut (Bayern)

Zusammenfassung: Neue Perspektiven in der Landwirtschaft aber noch kein Selbstläufer

Abzusehen ist, daß das Oberziel für Marchetsreut erreicht wurde und der Aufforstungsdruck in den Steillagen verringert wurde. Die Biotopvernetzung sowie die almartige Bewirtschaftung der Steillagen durch extensive Beweidung einschließlich des geförderten Stalles für Mutterkuhhaltung sind Anlaß für zahlreiche fachbezogene Besuchergruppen, wodurch die Pilotfunktion der Maßnahmen unterstrichen wird. Die angeschafften Rinder (Pinzgauer, Auerochsen) gelten unter Touristen als Anziehungspunkte.

Für den am meisten betroffenen Betrieb (Abschaffung der Milchviehhaltung, Einführung extensiver Beweidung - Fleischproduktion) wurden durch das Projekt im Zuge der angebotenen Beratung neue Zukunftsperspektiven entwickelt, die bewirken, daß die Söhne im Betrieb bleiben können. Dennoch mehren sich Anzeichen, daß ohne eine weitere Beratung und Information der Landwirte und geklärte Kontrollzuständigkeiten eine rasche Stagnation der erreichten Fortschritte eintreten wird. Von Vertretern der Ländlichen Entwicklung wird sogar befürchtet, daß "das Projekt in sich zusammenfällt, wenn sich die Ländliche Entwicklung zurückzieht", was unter anderem durch die diesbezüglich passive Rolle der Gemeinde unterstützt wird.

Die Maßnahme "örtlicher Berater" (Ausbildung eines örtlichen Landwirts zu einem kompetenten Mittler zwischen Landwirten und Amt) ist aufgrund persönlicher Umstände seitens des zu schulenden Landwirtes nicht vorangekommen. Dieses Konzept wird vom zuständigen Landwirtschaftsamt nach wie vor für hilfreich erachtet.

Segregation in der Landschaft und in den Köpfen

Innerhalb des Verfahrensgebietes zeichnet sich eine weitere Segregation hinsichtlich der Nutzungsintensität ab: flächige Extensivierung in den steileren Lagen und Zunahme der Intensität in besser erschlossenen ebeneren Gemarkungsteilen nach der Neuzuteilung. Die Tatsache, daß der Anbau von

Silomais besser gefördert wird als die Extensivierung, läuft auch nach Ansicht der befragten Vertreter des Landwirtschaftsamtes allen landschaftspflegerischen Anstrengungen entgegen. "Die Kleinen werden immer weniger und die Großen werden immer größer" war eine Aussage, die aus der Sicht eines Landwirtes verdeutlicht, wie man hier im Kleinen die Tendenz innerhalb der EU erlebt.

Segregation auch in den Köpfen: bei den Befragungen war eine deutliche Verstärkung der bereits 1992 beobachteten Tendenz zur geistigen Abtretung von "Zuständigkeit" für naturnahe Landschaftsbestandteile durch Überführung naturnaher Strukturen in öffentliches Eigentum festzustellen! Heckenneuanlagen werden mittlerweile zwar toleriert ("gehören dem Staat"), vom Sinn her häufig jedoch nach wie vor nicht akzeptiert und nachvollzogen. Außerdem wurde berichtet, daß man sich nicht mehr traut, die Hecken zu schneiden, seit sie einem nicht mehr gehören. Dies weist auf noch zu lösende Probleme mit der Pflege hin, die vor der Neuzuteilung Sache der Grundeigentümer war.

Immer noch spürbar: die Arroganz der Wissenden

Trotz der großen Bemühungen der Leiter des Verfahrens, das gesammelte Umweltwissen an die Betroffenen weiterzugeben, besteht bei etlichen Landwirten nach wie vor der Eindruck, daß Daten zur Naturausstattung des Gemeindegebietes Geheimsache sind. Dazu haben die diesmal im Zuge der Erfolgskontrolle eingesetzten Kartierer beigetragen. Wie bereits während der ersten Kartierungen von Flora und Fauna vor der Planerstellung wohnten sie wieder auf einem Bauernhof und hielten es offenbar nicht für notwendig, mit ihren Gastgebern über ihre Arbeit oder ihre Erkenntnisse zu reden. Die Folgen dieser schwer nachvollziehbaren Verschwiegenheit für das Image von Landschaftsplanern und deren Umgang mit Betroffenen spiegeln sich in resignierenden Aussagen wie "die Planer kartierten wieder ohne Kontakt zu den Landwirten und behielten ihr Wissen für sich".

Die Frage der Kontrolle oder: die Solidarität der kleinen Sünder

Während die Einhaltung von Schnittzeitpunkten im Rahmen von Förderprogrammen durch das Landwirtschaftsamt genau kontrolliert wird, existiert für den Umgang mit den gemeindeeigenen Biotopvernetzungsflächen de facto noch kein Kontrollmechanismus. Aus den Reihen der befragten Landwirte verlautete hierzu, daß die beste Kontrolle die gegenseitige Kontrolle der Landwirte untereinander ist, was sich aus den Augen der Planer oder Amtspersonen anders darstellt. Diese beschrieben einige eindeutige Fälle von Verstößen, die nicht den Vereinbarungen im Zuge der Neuzuteilung entsprechen (Holzablagerung, frühes Mähen, Beweidung etc.), die allerdings nur eine kleine Gruppe von "schwarzen Schafen" betreffen. Die Aussage "hier funktioniert die Sozialkontrolle in negativer Weise, indem man gegenseitig Verstöße toleriert und abkassiert" verdeutlicht diesen Sachverhalt, der wiederum darauf hinweist, daß ein wirksames Pflegekonzept mit geklärten Zuständigkeiten für die naturnahen Flächen auf öffentlichem Eigentum fehlt.

Ungelöste Fragen zur Pflege und Biomasseverwertung

Probleme zeichnen sich bereits jetzt hinsichtlich der Pflege ab: Viele Hecken wurden auf guten Böden angelegt und erreichen daher immense Zuwächse, um die sich bisher noch niemand kümmert. Einhellig beteuerten die befragten Landwirte zwar, daß man sich an die Neuanpflanzungen samt Steinwällen und Grenzsteinen gewöhnt hat. Gleichzeitig wurde die bisher ungeklärte Frage der Pflege und Biomasseverwertung bemängelt. Dies führt bereits dazu, daß mit dem Traktor an besonders üppig wachsenden Hecken vom Weg auf benachbarte Flächen ausgewichen werden muß und in einigen Fällen Schnittgut im Wald deponiert wurde. Die unterlassene Pflege bestimmter Flächen hat nach der Beobachtung eines Haupterwerblandwirts offenbar bereits dazu geführt, daß das größte Orchideenvorkommen durch Verfilzung und Überdüngung der Fläche verschwunden ist. Aus Sicht der Akzeptanzforschung ist besonders bezeichnend, daß hier offenbar wichtiges Umweltwissen und die Wahrnehmung von Veränderungen durch Landwirte von den mit der floristischen Erfolgskontrolle beauftragten Planern nicht genutzt wurde, um den Erfolg zu erhöhen bzw. Mißerfolge zu verhindern. Die Erfolgskontrolle hätte sicherlich durch Beobachtungen der Landwirte ergänzt und bereichert werden können. Symptomatisch für die beginnende Stagnation des Prozesses in Marchetsreut ist, daß verschiedene Beteiligte regelrecht aufeinander warten anstatt aufeinander zuzugehen und kein Forum existiert, durch das dieser Schritt erleichtert werden könnte. Hier sollte an die Gemeinde appelliert werden, die Trägerschaft und Führungsrolle zur Steuerung eines Runden Tisches zu übernehmen.

Vermarktung: Ohne Gemeinschaftlichkeit keine Schlagkraft

Die Selbstvermarktung von Rindfleisch läuft im einzigen diesbezüglich aktiven Betrieb sehr erfolgreich, die Nachfrage ist größer als das Angebot. Allerdings werden die geförderten Vermarktungsstrukturen (Kühlraum, Hofladen) nicht gemeinschaftlich genutzt, obwohl sie nicht ausgelastet sind. Der örtlichen Mentalität entspricht es offenbar mehr, daß hier jeder seinen eigenen Weg geht, was zu Beginn des Vorhabens nicht absehbar war. Mit dem Kommentar "Gemeinsamkeit ist keine Sache der Waldler - das einzig Negative an diesem Projekt ist, daß die Gemeinschaftlichkeit nicht funktioniert hat" brachte es ein Vertreter der Landwirtschaftsverwaltung auf den Punkt. In Marchetsreut gehen die Landwirte lieber eigene Wege, obwohl das Erprobungs- und Entwicklungsvorhaben eine gemeinsame Vermarktung der landschaftsschonend erzeugten Fleischprodukte vorsah. Angesichts des geringen Angebotes bei starker Nachfrage könnte in der weiteren Entwicklung doch noch eine Wende im Sinne der Erprobungsmaßnahmen eintreten, sofern sich die Marchetsreuter Landwirte durch den Satz des Beraters "es geht doch nur weiter, wenn sich alle zusammentun - einer alleine bringt gar nicht genug Fleisch her" zur Kooperation ermutigen lassen.

3.1.2 Landschaftsplanung Stephanskirchen (Bayern)

Erfolgreiches Ergebnis jahrelanger Kooperation und Beratung: die ökologischen Modellbetriebe

Die Maßnahme "Gesamtökologische Modellbetriebe" kann bisher als Erfolg gewertet werden - es sind keine Betriebe "ausgestiegen". Insgesamt wurde von einer überwiegenden Zufriedenheit und einer Verbesserung der Zukunftsperspektiven berichtet. Sogar das Selbstwertgefühl der Landwirte ist durch die Erfolge des Projektes gestiegen, wie mehrfach bestätigt wurde.

Offenbar hat das jahrelange Engagement der Gemeinde, der Planer und des Agrarberaters zu einer nachhaltigen Akzeptanz für umweltschonende Landwirtschaft bei Landwirten und Verbrauchern geführt. Auf Gemeindeseite wurde eine Mitarbeiterin mit 50% ihrer Arbeitszeit für die Verträge, das Organisieren von Informationsveranstaltungen und die Betreuung weiterer Erprobungsmaßnahmen bereitgestellt.

Durch die Gespräche im Rahmen der Erfolgskontrolle wurden eine Reihe von Aktivitäten bekannt, die eine "Präformationskraft (einmal erlangter Akzeptanz) für späteres Handeln" (Kaule et. al 1994, S. 120f) erkennen lassen. Vor allem wurden in Eigeninitiative Maßnahmen ergriffen, die belegen, daß "je höher die Akzeptanz einer Innovation ist, desto eher sind die Betroffenen bereit, eigene Beiträge zur Einführung der Innovation zu leisten". Es kann sogar leise gehofft werden, daß die Innovationen von den Betroffenen auch ohne weiteren Nachschuß des Planungsträgers erhalten würden.

Folgende Zeichen für eine nachhaltige Akzeptanz wurden in Stephanskirchen festgestellt:
- Mehrere Reisen von Landwirten nach Norddeutschland zur Besichtigung einer Hofmolkerei,
- Bereitstellung von hofeigenen Räumen zum Bau einer Kleinpasteurisierungs- und Abfüllanlage mit hoher Eigenbeteiligung von drei Landwirten (Kapital und Arbeitszeit),
- Selbstorganisierte Fortbildungskurse eines Landwirtehepaares in einer Käserei in der Schweiz zur Erlangung besserer Fertigkeiten in der Käseherstellung,
- Hohe Eigeninvestitionen derselben Landwirte zur Erstellung einer Hofsennerei,
- Teilnahme von Landwirten und Bürgern an Vorträgen zur Vermittlung von Umweltwissen aus naturwissenschaftlichen Untersuchungen im Gemeindegebiet,
- Gründung eines Vereins zur Vermarktung von Produkten der Modellbetriebe,
- Regelmäßiges Abhalten von Hoffesten und -märkten,
- Teilnahme der Baierbacher Landwirte und Bürger an Seminaren der Bayerischen Schule für Dorf- und Landentwicklung in Thierhaupten,
- Eine sehr rege Mitwirkung der Baierbacher Bürger in Arbeitskreisen zur Dorfentwicklung.

Bei den Gesprächen mit den Stephanskirchener Landwirten konnte eine weitere Zunahme der bereits 1992 festgestellten hohen Umweltkompetenz registriert werden. Dabei wurde von gewonnenen Erfahrungen aus dem ökologischen Landbau berichtet wie beispielsweise dem Umgang mit dem Verzicht von Herbiziden, der Verringerung der Großvieheinheiten oder dem Ersatz von Mais durch Luzerne.

Das bereits 1992 vielfach erwähnte Problemunkraut Großer Ampfer beschäftigte nach wie vor die Gemüter: es wurde glaubhaft versichert, daß auf vielen extensivierten Flächen eine deutliche Zunahme des Ampfers zu verzeichnen ist und daß von der Ermöglichung der Einzelbekämpfung die weitere Teilnahme bzw. von einem weiteren Verbot der Ausstieg mehrerer Betriebe aus dem Programm abhängig gemacht wird. Bewußt befragte Skeptiker der Betriebsumstellungen nahmen die (teilweise auch witterungsbedingte) stärkere Verunkrautung der Extensivierungsflächen zum Anlaß, um sich ausgiebig über die Kehrseite dieser Bewirtschaftungsweise auszulassen. Insgesamt wurde jedoch eine erhebliche Verminderung der anfangs offen vorgetragenen Kritik beschrieben, was als Beruhigung der Situation angesichts offensichtlich gewordener Erfolge der "Umstellungsbauern" gewertet wurde. Diese berichteten von günstigen Einkommensentwicklungen, gestiegenen Milcherträgen und einem gesteigerten Ansehen in der Öffentlichkeit, "weil wir offensichtlich etwas für die Natur tun".

Der Bauernmarkt als Spiegel einer Solidargemeinschaft

Die Teilnehmer an der Erprobungsmaßnahme "Gesamtökologische Modellbetriebe" haben einen "Simsseemarkt e.V." gegründet, der über ein eigenes Logo verfügt und Freitag nachmittags auf einem Hof in Baierbach abgehalten wird. Die Mitglieder verpflichten sich zur Einhaltung von Richtlinien, die teilweise aus dem Landschaftsplan entwickelt wurden. Diese dienen einerseits dem Verbraucherschutz, sollen andererseits durch sehr hoch gesteckte Anforderungen mögliche Trittbrettfahrer abhalten. Grundlage zur Abschätzung des Absatzes waren die im Rahmen des Erprobungs- und Entwicklungsvorhabens geförderte Verbraucherbefragung und das Marketinggutachten. Speziell das Ergebnis der Verbraucherbefragung wurde von mehreren befragten Landwirten rückblickend als Ermutigung und Auslöser für den Schritt in Richtung Eigenvermarktung gewertet.

Die Verbraucher sind im Vorstand des Simsseemarktes vertreten, was den Erfolg der vom Bürgermeister seinerzeit propagierten "Solidargemeinschaft" unterstreicht. Mit dem Zitat einer Bäuerin "die Verbraucher - und das sind mittlerweile weit über 1000 Bürger - würden uns unterstützen, falls wir hier Probleme bekommen würden" kann das mehrfach beschriebene Vertrauen der Landwirte in die Solidarität ihrer Mitbürger unterstrichen werden.

Der Simsseemarkt gilt als wichtige kommunikative Einrichtung, wird von vielen Familien als Ausflugsziel genutzt und zunehmend auch von Touristen als Attraktion angesehen. Viele der angebotenen Produkte sind eine Viertelstunde nach Marktbeginn bereits ausverkauft. Bezeichnend für die rollentypische Verteilung der damit verbundenen zeitlichen Belastung ist das Zitat einer anderen Bäuerin: "der Markt ist überwiegend Sache der Frauen - ohne die würde hier nichts laufen."

Als "negativste Kraft bei der Landschaftsplanumsetzung" wurde für den Raum Rosenheim von mehreren Seiten der Bauernverband bezeichnet, der sich vor allem gegen die Beratungsziele für die Umstellungsbetriebe wandte. Lediglich im Falle der Eigenvermarktung wurde eine positive Haltung spürbar als der Erfolg des Simsseemarktes bereits absehbar war.

"Wir passen gegenseitig aufeinander auf" - die Sache mit der Kontrolle

Obwohl vom Erprobungs- und Entwicklungsvorhaben eine regelmäßige Kontrolle der Einhaltung der Vereinbarungen unter Verwendung des seinerzeit entwickelten Punktesystems (Kaule et. al 1994, S. 51) vorgesehen wurde, ist diese de facto inexistent. Zumindest was die Kontrolle durch die Gemeinde oder den Agrarberater betrifft, meldeten alle Landwirte sinngemäß, daß sie noch nie kontrolliert wurden. Selbst der diesbezüglich befragte Gemeindevertreter war mit der Frage nach dem Ergebnis der Kontrollen "überfragt" und fand, "daß sich die beiden Lager der Umstellungsbetriebe und der Konventionellen ganz gut gegenseitig kontrollieren".

Freude für die Bürger - Ärgernis der Landwirte: der Grünordnungsplan "Westerndorfer Filze"

Aus Sicht der Akzeptanzforschung ergaben die Gespräche keine unerwarteten Erkenntnisse. Wie bereits 1992 von den meisten Landwirten befürchtet, erweisen sich die Ziele aus ihrer Sicht als Nutzungseinschränkungen. Für alle Grundstückseigentümer gelten die festgesetzten Entwicklungsgrenzen ebenfalls als Einschränkungen, die jedoch gleichzeitig manche "Schwarzbauten" nachträglich "genehmigen", wie öfters festgestellt wurde.

Nach Ansicht eines Landwirtes im Gemeinderat fühlen sich viele Landwirte "gefangen", nachdem im Gemeinderat anfangs angeblich der Begriff "Pilotprojekt" verwendet wurde und erst später der Begriff "Bebauungsplan" eingeführt wurde. Aus Sicht der Planer wurden jedoch durch den Bebauungsplan lediglich Einschränkungen sichtbar gemacht, die bereits vorher per Gesetz bestanden. In Einzelfällen wurden regelrechte "Kompensationsgeschäfte" im beiderseitigen Interesse gemacht, indem "Baurechte gegen Umweltleistungen getauscht wurden".

3.1.3 Biotopvernetzungskonzeption Herbrechtingen (Baden-Württemberg)

Alles beim Alten: Der Rückfall der Biotopvernetzung in die Stagnation

Gemessen an den enormen Anstrengungen, mit denen seinerzeit die als "Planungsleiche" eingestufte Biotopvernetzung Herbrechtingen im Rahmen des Erprobungs- und Entwicklungsvorhabens wiederbelebt wurde, befand sich das Verfahren 1995 (zur Zeit der Interviews) in einem enttäuschenden Zustand. Dabei war zum Zeitpunkt der Berichterstattung 1993 das Projektziel erreicht (Kaule et. al 1994, S. 65), denn die Gemeinde erkannte die Trägerschaft für die Aktivitäten an und beteiligte sich an der Umsetzung der Biotopvernetzungskonzeption. Erfolgreich war eine relativ rasche Umsetzung erster Maßnahmen im Rahmen der einzelbetrieblichen Beratung im Jahr 1992.

Seitens der Gemeinde wurde dem Verfahren kaum noch Bedeutung beigemessen. Das Projekt erlebte einen Rückfall in die Stagnation nach dem Ende der Förderung durch das Erprobungs- und Entwicklungsvorhaben, die sich darauf konzentrierte, ungeklärte Zuständigkeiten durch einen zwischenbehördlichen Arbeitskreis zu klären und die Information und Beratung der Landwirte im Teilort Bolheim anzuregen. Wesentliche Gründe lagen nach bisherigen Erkenntnissen am geringen Stellenwert des Natur- und Umweltschutzes seitens des bisherigen Bürgermeisters und an emotionalen Belastungen innerhalb der Verwaltung. Es konnte ein konkreter Vorfall rekonstruiert werden, der als demotivierendes Schlüsselerlebnis für einen maßgeblich tätigen Mitarbeiter der Verwaltung wirkte. Dieser fühlte sich nach all seinen Anstrengungen von einem hohen Beamten zu Unrecht gerügt. Daraufhin erloschen die letzten Bemühungen des Mitarbeiters der Gemeinde. Dies ist ein Beleg für die Wichtigkeit emotional geprägter Kriterien für Akzeptanz bzw. Inakzeptanz auch bei Entscheidungsträgern und Verwaltungsangehörigen, die durch das Vorhaben thematisiert wurden.

Offenbar konnten in Herbrechtingen die kurzfristigen Erfolge nicht "die Kette negativer Ergänzungen verschiedener Personen in den zuständigen Ämtern durchbrechen", die ein Gemeinderat namentlich beschrieb. Im Gemeinderat selbst wurde nicht mehr über die Umsetzungsmaßnahmen berichtet, obwohl seither jährlich 10.000 DM hierfür bereitgestellt wurden. Es wurden keine weiteren Maßnahmen angesprochen und auch nicht der Erfolg der bereits umgesetzten Maßnahmen hinterfragt. "Das war seither kein Thema mehr und es ist Gras darübergewachsen - über die Maßnahmen reden auch wir Bauern untereinander nicht mehr", beschrieb ein Landwirt und Gemeinderat diese Situation. Daß dies nicht so sein müßte, kam bei mehreren Gesprächen mit Landwirten zur Sprache, die meinten, daß man sich durchaus eine weitere Anlage von Biotopvernetzungsflächen in Form angesäter Wegraine vorstellen könne.

Aus Sicht der Akzeptanzforschung stellt sich das Ergebnis nüchtern und einfach dar: nach Wegnahme der von außen herangetragenen Unterstützung kehrte das Projekt rasch wieder in seinen alten Zustand zurück, da sich in der persönlichen Einstellung der wesentlichen Entscheidungsträger nichts geändert hat. Aus dieser Haltung heraus fanden auch keine weiteren Kontakte mit den Landwirten mehr statt, weder in Form einer fortgesetzten Beratung noch als Kontrolle. Darum ist es wenig verwunderlich, wenn nur einige besonders aufgeschlossene Landwirte ihre Biotopflächen "ordnungsgemäß" bewirtschaften, während ein großer Teil der geförderten Flächen von der Qualität her degradierten.

Neue Töne aus dem Rathaus - ein neuer Bürgermeister als Hoffnung für den Umweltschutz?

Zwischenzeitlich wurde der bisherige Bürgermeister und wesentliche Hemmungsgrund für die Umsetzung landschaftsplanerischer Projekte durch einen jungen Nachfolger abgelöst. Sichtbare Chancen für eine Wiederbelebung aus eigenem Antrieb durch einen neuen Bürgermeister könnten die Rolle der Bürgermeister als Bremser oder Beschleuniger von Umsetzungsinitiativen unterstreichen: Mittlerweile (Stand Sommer 1996) bestehen in Herbrechtingen 14 moderierte Arbeitskreise zu Themen wie Ortsumgehung, Stadtmarketing, und Bauernmarkt. Die einzelbetriebliche Beratung von Landwirten zur weiteren Umsetzung der Biotopvernetzung soll auf jeden Fall wieder aufgenommen werden, was als Hoffnung für die Zukunft der Biotopvernetzung gesehen werden kann.

Die Errungenschaften zur vorübergehenden Wiederbelebung der Biotopvernetzung Herbrechtingen ermöglichen eine Vielzahl an Erkenntnissen über den Stellenwert kooperativer Planungsprozesse. Durch die "rückfällig" gewordenen Akteure wurde zwischenzeitlich noch klarer, daß vor Ort nicht wirklich gewollte und nur von außen herangetragene Aktivitäten zum Natur- und Umweltschutz nur von kurzer Dauer sein können. (Weitere Folgerungen über die Rolle der Bürgermeister s. Kap. 3.3).

3.1.4 Flurbereinigungsverfahren Sersheim (Baden-Württemberg)

Trotz ökologischer Erfolge keine Identifikation mit dem Projekt

"Trotz der Blüherfolge sind unsere angesäten Streifen in Vergessenheit geraten" - diese Aussage eines Sersheimer Landwirtes resümiert treffend die Situation in Sersheim. Trotz umfangreicher Nachbetrachtungen durch die Akzeptanzforschung läßt sich das Ergebnis auf einen ähnlich einfachen Nenner bringen wie in Herbrechtingen: Von innen heraus nie richtig gewollt aber von außen intensiv unterstützt mußte der Umsetzungsprozeß bei geringem Eigenengagement der lokalen Akteure wieder in die mühsam überwundene Lethargie zurückfallen. Die Aussage eines Gemeinderates "Das war seither kein Thema mehr für uns" belegt auch in Sersheim eine allmähliche Stagnation des Projektes. Aus der Sicht der Gemeinde war das wesentlich auch darauf zurückzuführen, daß 1990 bzw. 1991 Bürgermeister und Hauptamtsleiter wechselten, so daß die neuen Amtsinhaber neben der Einarbeitung und der Vorbereitung der 1200 Jahr-Feier 1992 dem Projekt nicht alle Aufmerksamkeit widmen konnten. Der als Erprobungsmaßnahme initiierte Arbeitskreis, mit dessen Hilfe in Sersheim viel bewegt wurde und aus dem wichtige Erkenntnisse zur Rolle kommunikativer Planungsprozesse gewonnen werden konnten, wurde im Rahmen der Erfolgskontrolle wieder einberufen.

Es kam zu keiner Weiterentwicklung zusätzlicher Maßnahmen zum Biotopverbund trotz Akzeptanz der geförderten Anlagen. Die Gemeinde hatte in dem Verfahren bereits etwa 5 ha neue Schutzstreifen in Pflege genommen und sah sich zu weiteren Aufwendungen nicht in der Lage. Die blütenreichen Wegraine und Ackerrandstreifen werden sowohl ästhetisch als auch betriebstechnisch akzeptiert, da kaum Problemunkräuter aufgetreten sind. Die Maßnahmen werden als Vorzeigebeispiele besucht, was eine Pilotfunktion für andere Teilnehmergemeinschaften bedeutet, auf die einige befragte Landwirte stolz waren. Bemerkenswert ist weiterhin, daß ein im Arbeitskreis vertretener Landwirt versicherte, daß nach den bisherigen Förderbedingungen auch in Sersheim eine Ausdehnung der Maßnahmen möglich wäre. Dies widerlegt andersklingende Aussagen des Bürgermeisters. Dieser vertrat die Meinung, daß man in Sersheim angesichts des anhaltenden Siedlungsdrucks und hoher Pachtpreise derartige Maßnahmen nicht in größerem Umfang umsetzen kann. Mit dieser Einstellung läßt sich leicht rechtfertigen, daß es sich kaum lohnt, weitere Anstrengungen zu unternehmen. Zu Recht konnte die Gemeinde jedoch auf die beginnende Finanzkrise der Kommunen hinweisen, die im Gemeinderat keine große Bereitschaft zur Übernahme weiter Kosten entstehen ließ.

In einigen Punkten hat sich die Gemeinde positiv engagiert. Zum einen wurden aufgrund der durchgeführten Kontrollen durch die Gemeinde Veränderungen an den Maßnahmen nur in wenigen Einzelfällen registriert. Die "Sünder" sind allseits bekannt und unterliegen dem sozialen Druck ihrer Kollegen und der Gemeindeverwaltung. Weiterhin setzte die Gemeinde den an der Planung und Erfolgskontrolle beteiligten Biologen ein, um mit Kindergruppen und Erwachsenen naturkundliche Führungen im Gemeindegebiet zu unternehmen. Als umweltbildende Begleitmaßnahme im Rahmen der Fortsetzung des kooperativen Prozesses hätte diese Maßnahme langfristig zu einer Bekanntmachung der angestrebten Ziele führen können. Des weiteren hat sich die Gemeinde für die Einbindung örtlicher Landwirte in die Pflege naturnaher Landschaftselemente wie Raine, Gräben und Kopfweisen eingesetzt, wofür erhebliche Finanzmittel bereitgestellt werden.

Folgerungen seitens der Flurbereinigung sind noch nicht bekannt. Das Ergebnis der faunistischen und floristischen Erfolgskontrolle wurde der Gemeinde vorgestellt, um mögliche Konsequenzen diskutieren zu können. Dabei wurde ganz deutlich, daß die Maßnahmen nicht als im eigenen Interesse liegend anerkannt, sondern eher als der Gemeinde durch das Forschungsvorhaben angetragene Last angesehen werden. Die intensive floristische und faunistische Untersuchung der angelegten Strukturen belegt, daß sich der geförderte Aufwand zur Verbesserung der landschaftspflegerischen Maßnahmen aus landschaftsökologischer Sicht deutlich gelohnt hat. Insbesondere naturkundliche Programme für Kinder und Jugendliche in Zusammenarbeit mit dem Naturschutzbund und der Akademie für Umwelt- und Naturschutz profitierten davon.

3.2 Erkenntnisse der Akzeptanzforschung aus den Erprobungsgemeinden im Vergleich

Als Grundtendenz kann für die Erfolgskontrolle der Akzeptanzforschung festgehalten werden, daß die im bisherigen Bericht (Kaule et. al 1994, S. 96) tabellarisch dargestellten und textlich beschriebenen Erkenntnisse und Unterschiede zwischen den untersuchten Gemeinden sich durchwegs Punkt für Punkt bestätigt und verstärkt haben (Abb. 8).

Bereits vorhandene positive Umsetzungsbedingungen in Marchetsreut und Stephanskirchen haben weitergehende Umsetzungsschritte ermöglicht und zu weiterführenden Maßnahmen aus Eigeninitiative geführt. Von außen herangetragene, von den Gemeinden und Bürgermeistern wenig unterstützte Maßnahmen in Sersheim und Herbrechtingen sind Einzelmaßnahmen ohne weitere Nachahmung oder Weiterentwicklung im eigenen Interesse geblieben. Ob in Marchetsreut und Stephanskirchen tatsächliche Selbstläufer entstanden sind, bedarf einer weiteren Betrachtung in einigen Jahren. In Marchetsreut muß befürchtet werden, daß nach Abschluß der Flurbereinigung der Motor für die beschrittenen Innovationen fehlen wird und es angesichts der eher zurückhaltenden Rolle der Gemeinde und des Bürgermeisters ebenfalls zur Stagnation kommt. Die Rolle von Vermarktungshilfen wurde in Marchetsreut und Stephanskirchen weiter bekräftigt. Die Beschreibung von positiven Auswirkungen einzelbetrieblicher Beratung zog sich durch alle Gespräche in den vier Gemeinden, obwohl die Beratung bereits 1993 eingestellt wurde. Erst durch die intensive Beratung wurden sowohl bescheidene als auch weitergehende Umsetzungserfolge erst ermöglicht. Die funktionale und persönliche Rolle der eingeschalteten Berater wurde in allen Gesprächen hervorgehoben. Die bayerischen Berater unterstrichen, daß ihnen die in den Erprobungsgemeinden gewonnenen Erkenntnisse erst die Umsetzung noch weitergehender Schritte in anderen Verfahren ermöglichten (Pilotfunktion).

Ob es sich bei den erreichten Erfolgen um Eintagsfliegen, übergestülpte Konzepte oder Selbstläufer handelt, kann auch im Rahmen dieser Follow-up-Studie drei Jahre nach der letzten Berichterstattung nicht endgültig beurteilt werden. Hierzu müßte diese Untersuchung nach mehreren Jahren wiederholt werden. Dennoch können aufgrund der vorliegenden Erkenntnisse die bisher thesenhaften Folgerungen des Erprobungs- und Entwicklungsvorhabens im kommunikativen und kooperativen Bereich bestärkt werden (Kaule et. al 1994, S. 133f).

3.3 Die Rolle der Bürgermeister bei der Schaffung günstiger oder ungünstiger Umsetzungsbedingungen

"Respektpersonen im Ort sind oft wichtiger als Beamte". Dieser Ausspruch eines Amtsleiters bezog sich auf wichtige Akteure vor Ort wie Gemeinderäte und Vertreter der Landwirte. Insbesondere sollte damit aber auch ausgedrückt werden, daß die Verwaltung sich in der Regel nach dem Bürgermeister richte. So meinte auch ein Gemeindevertreter: "Der Gemeinderat ist in der Regel der Impulsempfänger, der Bürgermeister kann nur selten gebremst werden.

	Mar-chetsreut	Stephans-kirchen	Herbrech-tingen	Sersheim
Gemeindebezogene Kriterien				
Wahrnehmungsdifferenzen zw. Experten und Betroffenen	+	+	+	+
Spannungen zw. Landwirten und Nichtlandwirten verbreitet	-	-	+	+
Aufgeschlossenheit und Umweltkompetenz b. Betroffenen	+	+	+	-
Emotionale Vorbelastungen bei Betroffenen verbreitet	-	-	+	+
Projektbezogene Kriterien				
starke Unterstützung durch Entscheidungsträger u. Behörden	o	+ +	-	-
Hohes Projektwissen bei Entscheidungsträgern	+	+	-	-
Hohes Projektwissen bei Betroffenen	-	+	o	-
Konsequente Informationspolitik zur Weitergabe von Projektzielen	o	+	-	-
Überwiegend abgrenzbare Einzelmaßnahmen bevorzugt	-	-	+	+
Auch flächig wirksame Maßnahmen bevorzugt	+	+	-	-
Biotopflächen überwiegend in öffentlichem Eigentum bevorzugt	+	-	-	+
Biotopflächen überwiegend in privatem Eigentum bevorzugt	-	+	+	-
Steigerung der Teilnahme an Maßnahmen durch zusätzliche Beratung	+	+	+	+
Überwiegend außerökonomische Gründe für oder gegen Teilnahme	-	-	+	+
Entwicklung von Vermarktungsstrategien bedeutsam	+	+ +	-	-
Bisher nur Umsetzung von ersten Schritten und Einzelmaßnahmen	-	-	+	+
Umsetzung weitergehender Schritte Betriebsumstellungen	+	+ +	-	-
Gesamtbeurteilung überwiegend positiv, beispielhaft	+	+	-	o
Gesamtbeurteilung überwiegend negativ, verbesserungsbedürftig	-	-	+	o
Eigeninitiativen der Landwirte zur Weiterentwicklung des Projektes	+	+	-	-
Schilderung neuer Perspektiven, gesteigertes Selbstwertgefühl	+	+	-	-

Legende: Im Vergleich zu den anderen Verfahren
    +   überwiegend zutreffend
    -     überwiegend nicht zutreffend
    o   keine eindeutige Festlegung möglich
Verdoppelung: Verstärkung des bisherigen Trends

Abb. 8:   Die wesentlichsten Erkenntnisse der Akzeptanzforschung aus den vier Erprobungsverfahren im Vergleich (Stand 1996)

"Die Rolle der Bürgermeister hat den Erfolg oder relativen Mißerfolg von Erprobungsmaßnahmen bereits während der Hauptstudie maßgeblich beeinflußt, ohne daß dies im Bericht besonders hervorgehoben wurde.

Vor allem im Sinne nachhaltiger Akzeptanz wirkten umweltpolitisch motivierte oder phlegmatische Bürgermeister noch über ihre teilweise mittlerweile beendeten Amtsperioden hinaus maßgeblich auf den zu untersuchenden Erfolg der Erprobungsmaßnahmen. Diesem empfindlichen aber im Rückblick entscheidend wichtigen Thema sollte aufgrund der Erkenntnisse der Akzeptanzforschung wesentlich mehr Gewicht eingeräumt werden. Die Haltung der Bürgermeister und ihr Engagement zur Überzeugung ihrer Gemeinderäte in Umweltfragen sollten im Rahmen von Voruntersuchungen zur Akzeptanz jeweils vor Projektbeginn ermittelt werden. Diese Erkenntnis ist nicht neu und erscheint trivial. Angesichts des enormen Aufwandes zur Etablierung von innovativen Maßnahmen muß sie dennoch unterstrichen werden. Hier zählen vor allem die volkswirtschaftlichen Mittel, die vergeudet werden, wenn wie mit den Maßnahmen in Herbrechtingen und Sersheim, von außen herangetragene "teure" Maßnahmen kaum zu Kontinuität führen.

Ähnlich ergeht es in der Praxis vielen aufwendigen Planungen, die in Schränken und Schubladen enden, wofür sie eigentlich zu schade sind. Als Grundtendenz kann festgehalten werden, daß zumindest in den untersuchten süddeutschen Gemeinden ein überzeugend auftretender Bürgermeister seine Ziele durchsetzen und ungewollte Initiativen anderer Gruppierungen ausbremsen kann.

3.4 Die Berücksichtigung der Determinanten lokaler Akzeptanz und Umsetzbarkeit - Akzeptanzvoruntersuchung als Instrument zur Erkundung günstiger oder ungünstiger Umsetzungsbedingungen für die Landschaftsplanung

Wie durch die Akzeptanzforschung in den Fallstudien umfassend dargestellt wurde, ist die Akzeptanz (oder deren Gegenteil, die Inakzeptanz) von Planungen seitens der Projektbeteiligten eine wesentliche Voraussetzung für deren spätere Umsetzung bzw. deren vielbeklagtes Verschwinden in den Schubladen.

Als entscheidender Indikator für das künftige Handeln der Beteiligten in bezug auf eine geplante Innovation sollte man die Akzeptanz tunlichst vor Beginn der Implementation oder noch besser vor Beginn der Planung erforschen. Dies erscheint um so plausibler, als längst bekannt ist, daß die Verursacher von Eingriffen in die Landschaft sich bereits frühzeitig ein Bild von der Akzeptanz ihrer Großprojekte machen, um auf potentiellen Unmut strategisch vorbereitet zu sein.

Angesichts des großen Aufwandes zur Erstellung ihrer Pläne erscheint es völlig unverständlich, daß für die "Anwälte der Landschaft", wie sich Landschaftsarchitekten bisweilen nennen, bisher keine Instrumente zur systematischen Untersuchung günstiger oder ungünstiger Umsetzungsbedingungen entwickelt wurden. Für die Umsetzbarkeit landschaftsplanerischer Projekte wird bei Luz (1993, S. 221 ff) und Kaule et al. (1994, S. 133 ff) gefordert, im Zuge der Einführung kommunikativer und kooperativer Steuerungstechniken für die Landschaftsplanung bereits vor oder zu Beginn der Ermittlung naturwissenschaftlicher Planungsgrundlagen eine Akzeptanzvoruntersuchung bei beteiligten Entscheidungsträgern, Vertretern unterschiedlicher Interessengruppen sowie den Betroffenen durchzuführen. Dabei wird vorgeschlagen, die in einem mehrjährigen praxisorientierten Forschungsvorhaben isolierten gemeindebezogenen, also projektunabhängigen, Determinanten für Akzeptanz und Umsetzbarkeit (vgl. Luz 1993, S. 192f) durch eine Expertenbefragung zu ermitteln. Durch Befragung ausgewählter Interessenvertreter mit möglichst gegensätzlichen Einstellungen und

Nutzungsinteressen in bezug auf die Landschaft und den Natur- und Umweltschutz können demnach Kriterien ermittelt werden, die entscheidende Hinweise für die Akzeptanz und Umsetzbarkeit der zu entwickelnden Konzepte liefern.

In den bisher durchgeführten Untersuchungen waren für Vorhaben auf kommunaler Ebene lediglich fünf bis sieben Expertengespräche bereits ausreichend, um einen ersten aufschlußreichen Einblick in die akzeptanzbedingende "Vorgeschichte" der Projekte zu gewinnen (dies beantwortet schon vorab die Frage nach der Machbarkeit und dem Arbeitsaufwand für in der Praxis tätige Planungsteams). Dabei wurden mit problemzentrierten, offenen Interviews (verwendeter Leitfaden bei Luz 1993, S. 232) folgende Themen angesprochen:

- das Problembewußtsein und die Einstellung zu Fragen des Natur- und Umweltschutzes,
- das persönliche Verhältnis zur Landschaft sowie die Wahrnehmung von Landschaftsveränderungen und Umweltproblemen,
- das Verhältnis zwischen landwirtschaftlicher und nichtlandwirtschaftlicher Bevölkerung,
- emotionale Vorbelastungen aus negativen Schlüsselerlebnissen,
- Kenntnisse über die Vorgeschichte und Initiatoren der Projekte,
- die Einstellung der Befragten zu möglichen Projektzielen,
- die Situation und Zukunftsperspektiven der Landwirtschaft in der Region einschließlich der Chancen zur Vermarktung umweltschonend erzeugter Produkte und
- die erwartete künftige Rolle der Landwirtschaft im Natur- und Umweltschutz.

Durchführbarkeit und Vorgehensweise

Die hierbei gewonnenen Erkenntnisse tragen dazu bei, wesentliche Umsetzungshemmnisse frühzeitig zu erkennen und im späteren Planungsprozeß möglicherweise abzubauen. Gleichzeitig können umsetzungsfördernde Einstellungen und Rahmenbedingungen ermittelt und aufgeschlossene Ansprechpartner kennengelernt und eingebunden werden. Für die Planenden ergeben sich somit neben der gängigen naturwissenschaftlichen Sichtweise zusätzliche weitreichende Einblicke in das soziale System eines Bearbeitungsgebietes. Das Erkennen günstiger oder ungünstiger Rahmenbedingungen für ein Projekt erlaubt frühzeitig die Entwicklung von Umsetzungsstrategien und vergrößert die Chancen, daß konsensfähige Ziele formuliert werden. So gesehen liegen Voruntersuchungen zur Akzeptanz noch vor der in Kapitel 5 geforderten Planungsphase an Runden Tischen, in Arbeitskreisen und Fachgrupppen. Sie sollten Teil der Projektvorbereitung sein, gewissermaßen das Erstellen von Grundlagenkartierungen in menschlichen Hirnen analog der Sammlung von Unterlagen zu Boden, Grundwasser oder Lebensräumen für Pflanzen und Tiere. Durch das Ansprechen verschiedener lokaler oder regionaler Akteure mit unterschiedlichsten Interessen werden durch Akzeptanzuntersuchungen bereits kommunikative Schritte zur Beteiligung lokaler oder regionaler Interessen vorbereitet.

Bisher erprobt wurden Akzeptanzvoruntersuchungen außerhalb des geschilderten Forschungsvorhabens in mehreren Gemeinden in den neuen Bundesländern. Besonders aufschlußreich für die Planenden war hierbei die Möglichkeit, Landschaften und Veränderungen der Umwelt durch die Augen von Bewohnern sehen zu lernen. Den in der Regel nicht ortsansässigen Planenden eröffneten sich dadurch völlig neue Blickwinkel und Einsichten.

Beispiel: Naturparkplanung

Die erste größere Akzeptanzvoruntersuchung zu einer Naturparkplanung fand in Baden-Württemberg statt. Hier konnte der Ansatz auf regionaler Ebene erprobt werden (vier Landkreise, ca. 700

Quadratkilometer), indem Interessenvertreter als Gesprächspartner ausgewählt wurden, die ein breites Spektrum lokaler und regionaler Akteure abdeckten: Landräte, Bürgermeister, Gemeinderäte, Behördenvertreter aus den Bereichen Naturschutz, Land- und Forstwirtschaft, Wasserwirtschaft, außerdem private bzw. ehrenamtliche Vertreter zu den Themen Naturschutz, örtliche Landwirtschaft, Tourismus/Fremdenverkehr und Gewerbe.

Die Erkenntnisse waren in bezug auf Kommunikationsprobleme, ungeklärte Zuständigkeiten, unterschiedliche Wertschätzungen und fehlende Koordination des angestrebten Projektes so aufschlußreich, daß sich das beauftragende Ministerium entschloß, die Studie umgehend unter Verschluß zu nehmen. Allerdings blieb sie den Planungsteams zugänglich und konnte inhaltlich berücksichtigt werden. Das Beispiel zeigt, daß beim Einsatz des bisher kaum verbreiteten Instumentes Akzeptanzvoruntersuchung stets kritisch zu fragen ist, wer eine solche Untersuchung beauftragt und wem sie zur Verfügung gestellt werden soll. Bei empfindlicher Ausgangslage sollte sie als interne Vorabinformation für die Planenden gesehen werden. Wird sie dagegen zu früh von Entscheidungsträgern gelesen, die für die aufgedeckten akzeptanzhemmenden Kommunikationsprobleme mitverantwortlich sind, kann es passieren, daß noch mehr Inakzeptanz bewirkt wird, bevor Mediatoren die Rolle der Vermittlung übernehmen können.

Beispiel: Konzepte für Gewässereinzugsgebiete

Kommunikative Planungstechniken zur Beteiligung und Bündelung der Interessen aller lokalen Akteure in Beiräten, Arbeitskreisen oder an Runden Tischen bleiben bisher meist dem Zufall oder dem persönlichen Engagement einzelner Planer oder besonders motivierter Verwaltungsmitglieder überlassen. Sie sollten künftig fester Bestandteil von umsetzungsorientierten Gewässerentwicklungskonzepten werden und möglichst frühzeitig eingesetzt werden. Eine Weiterentwicklung zu einem Modell zur kooperativen und umsetzungsorientierten Entwicklung von Konzepten für ganze Gewässereinzugsgebiete wurde durch den Deutschen Verband für Wasserwirtschaft und Kulturbau (DVWK) vorgenommen und während einer internationalen Fachtagung vorgestellt (DVWK 1996).

Unter Einbeziehung mehrerer Experten, die teilweise an den Fallstudien mitwirkten, wurde das Modell "Kommunikation in der Landschaftsplanung" von Kaule et al. (1994) für die Entwicklung umsetzungsorientierter Konzepte zur Sanierung kleiner Fließgewässer und deren Einzugsgebiete modifiziert. Getragen wird dieses Modell von der Vorstellung, daß ein einzugsgebietsbezogener Arbeitskreis das gesamte Vorhaben begleitet und dabei von mehreren örtlichen und themenbezogenen Arbeitskreisen und Fachgruppen unterstützt wird. Solche Strukturen existieren zunehmend bereits in Orten mit bürgernahen Planungen und sollten für ökologische Sanierungskonzepte ebenso eingesetzt werden.

Getragen wird dieser integrierte Zielfindungs- und Umsetzungsprozeß während der Vorbereitungs-, Abstimmungs- und Umsetzungsphasen durch die Vision, daß von Anfang an nach konsensfähigen Lösunggen gesucht wird, die nach wie vor auf fundierten Landschaftsinformationen beruhen, deren Konsequenzen jedoch vor Ort verstanden, nachvollzogen und damit auch akzeptiert werden.

Sollen in Zukunft landschaftsplanerische Vorhaben stärker umgesetzt werden, anstatt wie häufig beklagt, in Schubladen zu verschwinden, wird eine produktive Kommunikation zwischen den Beteiligten eine wesentliche Voraussetzung sein. Das rechtzeitige Erkennen günstiger oder ungünstiger Umsetzungsbedingungen durch eine mit vertretbarem Aufwand durchgeführte Untersuchung zur Akzeptanz stellt einen wesentlichen Beitrag im Sinne umsetzungsorientierter Landschaftsplanung dar.

4 Ökonomische Teilanalysen der vier Fallbeispiele (Heißenhuber, Köbler, Reitmayr)

Im folgenden Abschnitt werden die ökonomischen Aspekte der einzelnen Teilprojekte näher untersucht. Eine sorgfältige Analyse der Landbewirtschaftung und der externen Effekte der Landnutzung stellt die Grundlage für ein kooperatives und kommunikatives Planungsmodell dar. Gerade in Gebieten, in denen sich die Landwirtschaft bzw. die gewünschte Art und Intensität der Landbewirtschaftung erheblich von den Zielen des Umwelt- und Naturschutzes entfernt, garantieren kooperative Lösungsansätze einen dauerhaften Schutz der biotischen und abiotischen Ressourcen. Aus ökonomischer Sicht stehen der Einkommensbeitrag sowie die Einkommenssicherung und die Aufrechterhaltung bzw. Etablierung einer standortspezifisch umweltgerechten, ressourcenschonenden Landbewirtschaftung im Vordergrund des Interesses und stellen somit ein wichtiges Bewertungskriterium dar. Darüber hinaus müssen am Beispiel der vier Gemeinden die Umsetzungsstrategien und der damit verbundene Beratungs- und Kontrollaufwand einer kritischen Betrachtung unterzogen werden. Die einzelnen Umwelt- und Naturschutzmaßnahmen sind ex post auf ihre Wirksamkeit hin zu untersuchen. Für die vier Fallbeispiele werden wesentliche Bestimmungsgründe entsprechend den in Abbildung 9 genannten Punkten herausgearbeitet. Daraus ergeben sich auch wichtige Anforderungen an die zukünftige Förderpraxis.

Ökonomische Analysen auf einzelbetrieblicher Ebene
- Einbindung der ressourcenschonenden Bewirtschaftungs- und Pflegemaßnahmen in die Betriebsorganisation (Produktionsverfahren, Futtermenge- und -qualität)
- Beurteilung der Maßnahmen aus arbeitswirtschaftlicher Sicht
- Einkommensbeitrag
- Nachhaltige Einkommenssicherung (z.B. Direktvermarktung)
- Übertragbarkeit

Überprüfung der Planungs- und Umsetzungsverfahren - Effizienzanalyse
- Erfassung der Landbewirtschaftung sowie umwelt- und naturschutzrelevanter Größen
  - Zielformulierung (z.B. flächendeckende Landbewirtschaftung, Strukturelemente, Biotopvernetzung, Hochwasserretensionsflächen)
    - Ableitung möglicher Maßnahmen zur Umsetzung der Ziele des Natur- und Umweltschutzes
      - Auswahl geeigneter Maßnahmen unter Berücksichtigung der Standortbedingungen sowie der Landbewirtschaftung
        - Abschätzung möglicher Konsequenzen (sowohl positiver als auch negativer Art) aus den Umweltprogrammen und den landwirtschaftlichen Förderprogrammen
          - Erstellung eines Regionalkonzeptes unter Einbeziehung der betroffenen Landwirte (Akzeptanz)
            - Einbeziehung der Bevölkerung (Bewußtseinsbildung, Mitverantwortung)
              - Durchführung mit Hilfe von Regionalberatern und unter Einbeziehung der Landwirtschaftsverwaltung
                - Entwicklung und Durchführung geeigneter Kontrollmaßnahmen

langfristige Betrachtungsweise

Verläßlichkeit der Planungsdaten
  Ableitung geeigneter Kriterien zur laufenden Erfolgskontrolle
    Vorbildfunktion von E+E Maßnahmen, Übertragbarkeit

Prozeß- und ergebnisorientierte Kosten-Nutzen Analyse

Abb. 9: Vorgehensweise bei der ökonomischen Begutachtung der Erprobungs- und Entwicklungsvorhaben (Heißenhuber, Köbler, Reitmayr 1996, S. 15)

Vermarktung

Die alternative Vermarktung der erzeugten Produkte ist nur bei den Vorhaben in Marchetsreut und Stephanskirchen relevant, da in den anderen Vorhaben die Flächenanteile zu gering sind, um eigene Vermarktungskonzepte zu etablieren. Inwieweit sich durch den Aufbau eines Bauernmarktes in Herbrechtingen mögliche Konsequenzen für Biotopvernetzung und ressourcenschonende Produktion ergeben, wird sich in den nächsten Jahren zeigen.

Wichtig bei der Vermarktungskonzeption ist eine gleichmäßige Belieferung des Marktes und bei einer Ausdehnung der Produktpalette ein möglichst breites Sortiment. In Marchetsreut sind die Voraussetzungen dafür weniger gut, da zum einen nur Fleisch vermarktet wird und zum anderen auch nur geringe Mengenanteile von den produzierenden Landwirten geliefert werden können. Dies hat zur Folge, daß zwar hohe Deckungsbeiträge in der Direktvermarktung erzielt werden, der Beitrag zum Einkommen je Betrieb aber relativ gering ist, da nur wenige Tiere verkauft werden. Zudem fehlt eine Kooperation der Landwirte untereinander, um gemeinsam Ressourcen zu nutzen. Zukünftig sollte daher die Förderung verstärkt auf Gemeinschaftseinrichtungen abzielen, so daß auch eine gewisse Auslastung erreicht wird.

Anders ist die Situation in Stephanskirchen. Aufgrund der Nähe zu einem Ballungszentrum gründeten die Landwirte einen Bauernmarkt mit einer breiten Produktpalette. Diese Vermarktungsform hat sich bei den Landwirten des Erpobungs- und Entwicklungsvorhabens und der Gemeinde mittlerweile etabliert. Der Erfolg dieser Vermarktungsform lag sicherlich in der guten Zusammenarbeit zwischen Landschaftsplanung, Beratung, Behörden und Landwirtschaft begründet. Erfreulicherweise zeichnet sich auch in Herbrechtingen eine stärkere Bindung zwischen Landwirtschaft und Kommune ab, auch hier wird im Rahmen eines Bauernmarktes versucht, Produzenten und Konsumenten stärker aneinander zu binden.

Generell ist die Direktvermarktung als eine Form der Kooperation zwischen den Landwirten sehr positiv zu beurteilen. Allerdings können hieraus keine verallgemeinerungsfähigen Rückschlüsse gezogen werden, da diese Vermarktungsform immer einen Nischenmarkt darstellen dürfte. Diese Vermarktungsform wirkt gesamtwirtschaftlich betrachtet entgegen einer zunehmenden Spezialisierung und Arbeitsteilung. Daher kann dieses Instrument eine sehr wichtige Rolle in regionalen Vermarktungskonzepten spielen. Es ist jedoch nicht auf die breite Masse der Landwirtschaft anwendbar und sollte insbesondere im Hinblick auf den Arbeitszeitbedarf sowie den Investitionsbedarf (Verkaufsraum, Kühlung) sorgfältig geplant werden. Dies zeigen auch die Ergebnisse in Stephanskirchen und Marchetsreut.

Organisation der Beratung

Die wachsenden Aufgaben der Offizialberatung zur Umsetzung und Kontrolle der EU-Agrarreform führen dazu, daß die Regional-/Lokalberatung in Zukunft sicherlich eine sehr wichtige Rolle spielen wird. Von der EU sind diese Entwicklungen daher im Rahmen einer ökologischen Ausgestaltung der Agrarpolitik auch stärker zu fördern, wobei die Mittel für regionale Maßnahmen möglichst unspezifisch bereitgestellt werden sollten. Die Finanzierung seitens der EU bzw. durch nationale Geldgeber sollte einen bestimmten Eigenleistungsanteil erfordern, um die Effizienz des Mitteleinsatzes zu erhöhen. Die Beratung kann aufgrund der umfangreichen Aufgaben für die Umsetzung der EU-Agrarreform sicher nicht von der Offizialberatung übernommen werden, sondern von privaten Beratern. Für die langfristige Umsetzung und den Erhalt der durchgeführten Maßnahmen, ist es notwendig, daß diese im Laufe der Zeit vor Ort durch einen Verantwortlichen betreut werden (z.B. durch einen

Landwirt). Zudem muß die Nachhaltigkeit der Beratung und somit der Vorhaben gewährleistet sein. Das heißt, daß die Beratung immer nur eine Initialzündung zur Umsetzung der Maßnahmen geben kann (mit teilweiser Förderung). Im Zeitablauf ist jedoch eine tragfähige ökonomische Basis zu schaffen, damit die Vorhaben zu "Selbstläufern" werden und die langfristige Betreuung gesichert ist. Die im Rahmen dieser Erprobungs- und Entwicklungsvorhaben geförderten Betriebe sollen daher in erster Linie als Beispiel für ökonomisch und ökologisch tragfähige Bewirtschaftungskonzepte mit Vorbildcharakter dienen.

4.1 Flurbereinigungsverfahren Marchetsreut (Bayern)

Die Rahmenbedingungen in Marchetsreut lassen sich wie folgt kurz beschreiben:
- Landbewirtschaftung unter ungünstigen Standortbedingungen des Bayerischen Waldes.
- Vorrangig kleinstrukturierte Betriebe mit Milchviehhaltung.
- Projektziel: Dauerhafte extensive Bewirtschaftung des Grünlandes, Offenhalten der Landschaft, Verringerung von Nährstoffeinträgen in Fließgewässer.

Analyse

Aufgrund der schwierigen Standortbedingungen sowie der ungünstigen Betriebsstruktur besteht die Gefahr, daß ohne gezielte Förderung die dauerhafte extensive Bewirtschaftung des Grünlandes sowie das Offenhalten der Landschaft nicht gesichert werden kann. Aus diesem Grund steht in Marchetsreut der Einkommensbeitrag bzw. die Einkommenssicherung durch Umwelt- und Naturschutzprogramme im Vordergrund. Darüber hinaus sind Lösungsansätze dahingehend zu beurteilen, inwieweit eine deutliche Reduzierung des Arbeitszeitbedarfes erreicht werden kann, so daß im Rahmen einer Einkommenskombination die Landbewirtschaftung auch zukünftig in diesem Gebiet flächendeckend betrieben werden kann.

Der große Umfang an Biotopvernetzungsflächen ist auf besondere Umstände im Flurbereinigungsverfahren zurückzuführen und sollte daher nicht verallgemeinert werden. Die durchzuführenden Pflegemaßnahmen könnten von einem Landwirt übernommen werden, der über die notwendigen Kenntnisse und die technische Ausrüstung zur Pflege verfügt. Für zukünftige Fördermaßnahmen sollten daher bereits bei der Heckenpflanzung interessierten Landwirten entsprechende Fortbildungsmaßnahmen zum Fachwirt für Naturschutz und Landschaftspflege angeboten werden.

In Marchetsreut lassen sich positive und übertragbare Kontrollansätze darstellen, es zeigt sich jedoch ein erhebliches Defizit im Zusammenhang mit der Kontrolle der Bewirtschaftungsauflagen. Positiv hervorzuheben ist die Begrenzung der Hecken durch etwa 1m hohe Granitquader als Grenzstein. Diese deutliche Abgrenzung der Biotopvernetzungsflächen von der bewirtschafteten Fläche führte dazu, daß alle Flächen in der ursprünglichen Größe erhalten blieben.

Ziel einer kooperativen Umsetzung der Ziele des Natur- und Umweltschutzes muß es sein, die Interessen von Biotopschutz und Landwirtschaft zu berücksichtigen bzw. die Landwirtschaft als Landschaftspfleger für Flächen, die aus der landwirtschaftlichen Produktion genommen werden müssen, zu gewinnen. Diese Zielsetzung erfordert eine besondere Beachtung standortspezifischer Besonderheiten, die in die Bewirtschaftungsanforderungen integriert werden müssen. Gelingt dies nicht in erforderlichem Maße, so besteht die Gefahr, daß Bewirtschaftungsvereinbarungen nicht eingehalten werden bzw. von den Landwirten diese Flächen nicht dauerhaft bewirtschaftet werden. Die extensiv zu bewirtschaftenden Flächen in der Talaue zielen auf eine Verringerung des Nährstoffeintrages in Fließgewässer ab. Da diese Flächen regelmäßig überschwemmt werden, verringert sich durch das

Düngeverbot die Gefahr des Nährstoffeintrages. Für diese Flächen besteht jedoch eine Schnittzeitpunktauflage. Durch das hohe Nährstoffangebot (nährstoffreicher Boden, Nährstoffzufuhr durch Überschwemmung) entwickelt sich ein sehr mastiger Aufwuchs, der zum vorgeschriebenen Schnittzeitpunkt bestenfalls noch als Einstreu genutzt werden kann, im Regelfall jedoch abgemäht und nach Aussage der Landwirte am Waldrand abgelagert wird.

Ein Pächter erfüllt die Schnittzeitpunktauflage nicht und beweidet die Flächen im zeitigen Frühjahr, da nach seinen Angaben nur durch diese Vornutzung eine wirtschaftliche Verwertung des nachfolgenden Aufwuchses möglich sei. Der Verstoß gegen die vertraglichen Bestimmungen sollte auf jeden Fall geahndet werden. Der Sinn und Zweck einer Schnittzeitpunktauflage muß jedoch für diesen Standort kritisch hinterfragt werden. Eine stärker standortspezifische Ausrichtung der Bewirtschaftungsanforderungen erscheint zwingend notwendig.

Ein größerer Handlungsspielraum leitet sich auch bei den extensivierten Flächen auf den günstigen Ackerstandorten ab. Gerade auf nährstoffreichen Standorten sollte eine Aushagerung durchgeführt werden. Der ökologische Nutzen bzw. die Effizienz des Mitteleinsatzes muß ohne diese vorgeschaltete Aushagerungsphase kritisch hinterfragt werden.

Nennenswerte Einkommenseffekte lassen sich bei zwei Betrieben im Maßnahmengebiet feststellen. Besondere Bedeutung erlangt hierbei der Betrieb, der von Milchviehhaltung auf Mutterkuhhaltung umstellte und die freigesetzte Arbeitszeit außerlandwirtschaftlich einsetzt. Nach Aussagen des Hofnachfolgers hätte dieser die Milchviehhaltung auf jeden Fall eingestellt. Durch den Übergang auf die Mutterkuhhaltung und die damit verbundene Reduzierung des Arbeitszeitbedarfes wird langfristig der Betrieb weitergeführt und die Grünlandnutzung aufrechterhalten werden. Dieser Betrieb dient daher den Landwirten aus der Region als Beispielbetrieb für eine gelungene und nachahmenswerte Änderung der Betriebsorganisation. Bei zukünftigen Förderprojekten sollten die Fördermittel verstärkt für eine kostengünstige Stallumbau- oder -neubaulösung eingesetzt werden, die auch kleinen Betrieben einen Verbleib in der Landwirtschaft ermöglicht und langfristige Planungssicherheit gewährleistet.

Die Direktvermarktung kann einen wichtigen Beitrag zur Einkommenssicherung leisten und gewinnt durch die gegenwärtige Verunsicherung des Verbrauchers weiter an Bedeutung. Sie kann jedoch nicht als generelle Lösung der Probleme der Landwirtschaft in der Region gesehen werden. Eine eigene Vermarktung (Investition für Kühlung, Verkaufsraum, Vermarktungsaktivitäten, Arbeitszeitbedarf) scheidet für kleinere Betriebe oder Betriebe mit knapper Arbeitskapazität weitgehend aus. Es kann zwar durch entsprechende Vermarktungsanstrengungen der Deckungsbeitrag je Tier gegenüber den herkömmlichen Absatzwegen deutlich erhöht werden, der Einkommensbeitrag bleibt jedoch vielfach gering aufgrund niedriger Mengen. Aus diesem Grund sollte eine gemeinschaftliche Vermarktung angestrebt und durch entsprechende Förderung forciert werden. Dadurch lassen sich die Vermarktungseinrichtungen besser ausnutzen, so daß der Kostenanteil je Tier deutlich reduziert werden kann. Hinzu kommt der Aspekt der kontinuierlichen Belieferung von Verbrauchern bzw. Gastronomiebetrieben. Diese läßt sich bei kleinen Betrieben nur durch eine gemeinschaftliche Vermarktung erreichen. Mit steigender Absatzmenge nehmen auch die Vermarktungsanstrengungen bzw. Investitionen (z.B. Kühlwagen zur Auslieferung) deutlich zu. Daher ist der häufig genannte Arbeitszeitbedarf tendenziell zu niedrig angesetzt und sollte um den Arbeitszeitbedarf für vermarktungsfördernde Maßnahmen ergänzt werden.

Hinsichtlich der erfolgten Beratungsaktivitäten wurde deutlich, daß im Rahmen des Forschungsvorhabens die gewünschte Ausrichtung der landwirtschaftlichen Produktion erzielt wurde, ein Teil dieser Erfolge jedoch durch die Beendigung der Beratungsmaßnahmen wieder zunichte gemacht wurde. Für zukünftige Vorhaben sollte daher eine gewisse Beratungsleistung auch nach Abschluß der Projektlaufzeit sichergestellt werden. Diese Beratungsleistung könnte z.B. von der Kommune finanziert werden.

Fazit

Die Erfahrungen aus dem Erprobungs- und Entwicklungsvorhaben in Marchetsreut unterstreichen die Bedeutung einer kooperativen Schutzkonzeption sowie einer standortspezifischen Ausrichtung der Bewirtschaftungsmaßnahmen. Die erheblichen Kontrolldefizite werfen zudem die Frage auf, inwieweit durch eine stärkere finanzielle und ideelle Einbindung der Kommune die zweifelsohne notwendige Kontrolle durch einen Beauftragten vor Ort erfolgen kann. Im Rahmen der kommunalen Eigenüberwachung nehmen die Städte und Gemeinden Bayerns bereits eine Vielzahl von wasserwirtschaftlich relevanten Kontroll- und Überwachungsaufgaben wahr. Eine ähnliche Vorgehensweise im Zusammenhang mit Umweltmaßnahmen, die teilweise von den Kommunen mitfinanziert werden, wäre daher durchaus vorstellbar.

Am Beispiel der Umstellung von Milchvieh- auf Mutterkuhhaltung sowie Direktvermarktung wurden im Rahmen des Vorhabens Perspektiven für landwirtschaftliche Betriebe der Region aufgezeigt. Bei der Direktvermarktung muß stärker auf die betrieblichen Anforderungen (Arbeitskapazität, Produktionsmenge, Investitionsbedarf) sowie auf die Rahmenbedingungen des Marktes eingegangen werden. Eine gemeinschaftliche Vermarktung zielt auf ein ganzjähriges Angebot, gleichbleibende Qualität, besseren Marktzugang und Ausnutzung der Vermarktungseinrichtungen bzw. Kostensenkung ab. Fördermittel sollten daher vor dem Hintergrund einer Aufrechterhaltung der flächendeckenden Grünlandnutzung verstärkt für Gemeinschaftseinrichtungen gewährt werden. Hier sind zusätzlich die rechtlichen Rahmenbedingungen so zu gestalten, daß den Landwirten der Marktzugang ermöglicht wird.

Die Etablierung arbeitsextensiver Produktionsverfahren wird der allgemeinen Tendenz zur Einkommenskombination gerecht und zeigt den Betrieben Perspektiven zum Verbleib in der Landwirtschaft auf. Hier sollten insbesondere kostengünstige Neu- und Umbaulösungen gefördert werden.

4.2 Landschaftsplanung Stephanskirchen (Bayern)

Die Rahmenbedingungen in Stephanskirchen lassen sich wie folgt kurz darstellen:
- Umsetzung des Landschaftsplanes.
- Einrichtung von ökologischen Modellbetrieben (EU-Extensivierungsprogramm zzgl. kommunales Förderprogramm).
- Förderung von Vermarktungsaktivitäten (Bauernmarkt, Milchvermarktung, Hofkäserei).

Analyse

Das Fallbeispiel Stephanskirchen ist von besonderem Interesse, da hier die ressourcenschonende Bewirtschaftung des Gesamtbetriebes angestrebt und mit großem Erfolg umgesetzt werden konnte. Im Hinblick auf die Übertragbarkeit der Ergebnisse aus Stephanskirchen müssen jedoch folgende Bestimmungsgründe berücksichtigt werden (Abb. 10).

Die detaillierten betriebswirtschaftlichen Untersuchungen verdeutlichen, daß von 1989 bis 1995 der Anteil der landwirtschaftlichen Rohstoffproduktion am Gesamteinkommen, bedingt durch den allgemeinen Erzeugerpreisrückgang, deutlich zurückging. Diese negative Entwicklung konnte jedoch durch die Prämien und die zusätzliche Wertschöpfung aus den Vermarktungsaktivitäten überkompensiert werden. Diese Einkommenskomponente trägt zur langfristigen Sicherung einer flächendeckend ressourcenschonenden Produktion bei, gleichzeitig können mögliche Liquiditätsengpässe beim Aufbau neuer Betriebszweige (z.B. Hofkäserei, Urlaub auf dem Bauernhof) oder Vermarktungswege (Hofladen, Bauernmarkt) mit den Prämien überbrückt werden.

- günstige Standortbedingungen (hoher Grünlandanteil) sowie günstige einzelbetriebliche Voraussetzungen (Milchviehhaltung auf teilweise niedrigem Leistungsniveau) für eine Teilnahme am EU-Extensivierungsprogramm
- relativ niedriger Großviehbesatz je Hektar in der Ausgangssituation
- geringer Ackerflächenanteil an der landwirtschaftlichen Fläche (LF); vorwiegend Ackerfutterbau;
- günstige Voraussetzungen für Direktvermarktung (Absatzmarkt Rosenheim; Naherholungsgebiet Simssee)
- hoher finanzieller Anreiz durch Extensivierungsprämie und kommunale Prämie
- gezielte und dauerhafte einzelbetriebliche Beratung

Abb. 10: Erfolgsbestimmende Faktoren in Stephanskirchen (Heißenhuber, Köbler, Reitmayr 1996, S. 29)

Nach Auslaufen des Erprobungs- und Entwicklungsvorhabens und dem Extensivierungsprogramm ist mit einem Rückgang der Prämien um 300 DM/ha zu rechnen. Dies könnte zu einer Intensivierung der landwirtschaftlichen Produktion führen, sofern nicht über Vermarktungsaktivitäten die Wertschöpfung im Betrieb gesteigert werden kann. Dies unterstreicht wiederum die große Bedeutung der einzelbetrieblichen Beratung bei der Programmoptimierung bzw. der weiteren Betriebsentwicklung. Zudem sollte in diesem Zusammenhang die Rolle der Kommune besonders hervorgehoben werden. In Stephanskirchen nimmt die Sicherung der natürlichen Lebensgrundlagen eine herausragende Stellung in der Kommunalpolitik ein. Finanzielle Eigenleistung und Eigeninitiative sind nur zwei Beispiele für das Engagement der Gemeinde. Dieser kommunalpolitische Rückhalt stellt einen wesentlichen Punkt für die breite Akzeptanz in der Landwirtschaft dar.

Fazit

Basierend auf den detaillierten Untersuchungsdaten von 20 Betrieben lassen sich in Stephanskirchen die Erfolge der gezielten Förderung einer flächendeckend extensiven Landbewirtschaftung dokumentieren. Dabei ist der Ansatz der ökologischen Rechnungslegung besonders hervorzuheben. Die hohe Akzeptanz liegt neben günstigen Standortvoraussetzungen und einzelbetrieblichen Faktoren vor allem an der Förderhöhe je Hektar und der intensiven einzelbetrieblichen Beratung sowie dem Aufbau einer Vermarktung und der damit verbundenen Wertschöpfung für die Betriebe. Für ähnlich strukturierte Gebiete besitzt daher das Stephanskirchner Modell Vorbildcharakter. In dem Maße wie es gelingt, die mit der Produktion verbundenen Umweltleistungen dem Verbraucher nahe zu bringen, wird sich auch bei sinkenden Prämien eine ressourcenschonende Landbewirtschaftung weiter festigen.

In diesem Zusammenhang muß jedoch auch auf die Grenzen einer derartigen Konzeption hingewiesen werden. Gerade bei Produkten mit hohem Selbstversorgungsgrad bzw. regional deutlich über dem Verbrauch liegender Produktionsmenge (z.B. Milch und Rindfleisch), stellt die Direktvermarktung nur für eine begrenzte Anzahl von Betrieben eine wesentliche Einkommenskomponente dar. Für die überwiegende Anzahl der Betriebe lassen sich zusätzliche Umweltleistungen nur durch einen finanziellen Ausgleich der Produktionskosten bzw. ein EU-weit einheitliches Anforderungsniveau an eine umweltgerechte Produktion bzw. eine Internalisierung der externen Effekte umsetzen.

4.3 Biotopvernetzungskonzeption Herbrechtingen (Baden-Württemberg)

Die Rahmenbedingungen in Herbrechtingen lassen sich wie folgt kurz beschreiben:
- Landwirtschaftliche Flächen im Wasserschutzgebiet.
- Flächenknappheit durch Siedlungsdruck, Notwendigkeit zur Reinvestition von Entnahmegewinnen.
- Projektziel: Realisierung der Biotopvernetzung.

Analyse

Ähnlich wie in Sersheim kann bei einer Programmfläche von knapp 3,5 ha und 12 Betrieben nicht von einem wesentlichen Einkommensbeitrag durch diese Programme gesprochen werden. Aus ökonomischer Sicht steht daher in Herbrechtingen der Ausgleich des wirtschaftlichen Nachteils aus den Bewirtschaftungsanforderungen der Extensivstreifen im Vordergrund der Untersuchungen. Die Berechnungsgrundlagen sind betriebsbezogen aufgeführt (vgl. Kaule et al. 1994). An diesem Fallbeispiel kann daher sowohl von den Landwirten als auch von der Kommune nachvollzogen werden, daß die geänderten Berechnungsgrundlagen infolge der EU-Agrarreform den wirtschaftlichen Nachteil reduzieren und bei gleichem Teilnahmeanreiz ein entsprechend niedrigerer Ausgleichsbetrag für neue Verträge anzusetzen ist. Bei einer Kosten-Nutzen-Analyse sollten folgende Sachverhalte berücksichtigt werden:
- Im Hinblick auf die knappen finanziellen Mittel sollten mögliche Mitnahmeeffekte einer Pauschallösung und einer differenzierten Pauschallösung bei der Ausgleichskalkulation gegenübergestellt werden.
- Aufgrund einer mangelnden bzw. fehlenden Kontrolle wurden die vertraglich vereinbarten Extensivstreifen deutlich reduziert. Damit verbunden war in den meisten Fällen ein deutlicher Rückgang der erwünschten Arten, so daß der Nutzen einer derartigen Anlage in Frage gestellt werden muß.
- Desweiteren war zumindest auf einer Fläche ein Verstoß gegen den vertraglich vereinbarten Schnittzeitpunkt festzustellen. Bei frühem Schnitt oder intensiver Nutzung der Extensivstreifen dürfte daher der Beitrag dieser Flächen zur Biotopvernetzung eher gering ausfallen.

Pauschal kalkulierte Beträge weichen zwangsläufig von den einzelbetrieblichen Verhältnissen ab, da von durchschnittlichen - im Untersuchungsgebiet vorherrschenden - Anbauverhältnissen ausgegangen wird. Eine Vorgehensweise zur Ermittlung des wirtschaftlichen Nachteils des Einzelbetriebs wäre mit einem erheblichen Verwaltungsaufwand verbunden. Die Vorgehensweise einer differenzierten Pauschallösung reduziert den Mitnahmeeffekt und gewährleistet einen weitgehend gerechten Ausgleich des wirtschaftlichen Nachteils. Abbildung 11 verdeutlicht aber auch, daß je nach einzelbetrieblicher Situation der im Ausgleichsvertrag vereinbarte Betrag den wirtschaftlichen Nachteil nicht vollständig (insbesondere im Zusammenhang mit dem Lohnansatz für zusätzliche Arbeiten) ausgleicht. Sofern die Differenz gering ist, dürften sich die betroffenen Landwirte dennoch für eine Vertragsteilnahme entscheiden.

Im Hinblick auf eine möglichst breite Teilnahme (Anreiz) am pauschalen Ausgleichsvertrag sowie einer möglichst großen Bereitschaft zum Abschluß freiwilliger Bewirtschaftungsvereinbarungen sollte der pauschale Ausgleichsbetrag für alle betroffenen Landwirte ausreichend bemessen sein. Aus den beobachteten Kontrolldefiziten leiten sich wesentliche Forderungen an die Weiterführung der Maßnahmen in Herbrechtingen ab, die nachfolgend näher ausgeführt werden (Abb. 12).

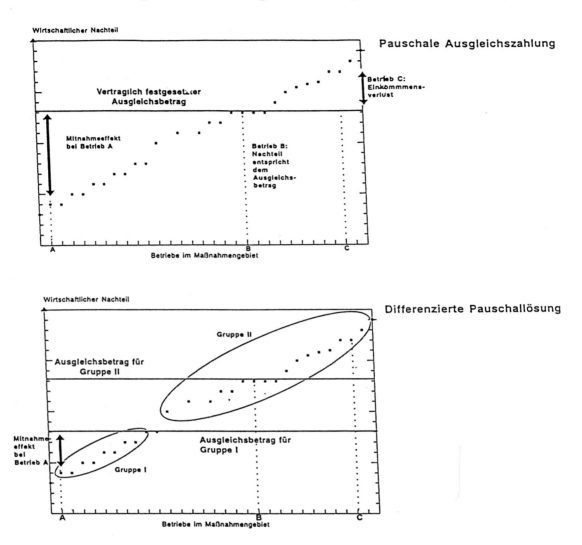

Abb. 11: Vorgehensweise bei der Ermittlung des Ausgleichsbetrages im Rahmen eines pauschalen Ausgleichsvertrages (Heißenhuber, Köbler, Reitmayr 1996, S. 22)

- Keine Verlängerung des Programmangebotes Extensivstreifen-Acker. Statt dessen schlagbezogene Extensivierung von Ackerflächen (vgl. Marktentlastungs- und Kulturlandschaftsausgleichsprogramm, MEKA).
- Kartierung von Ackerflächen, die im Sinne der Biotopvernetzung möglichst extensiv genutzt werden sollten.
- Vorrangige Mittelvergabe entsprechend einer Rangfolge zu extensivierender Acker- flächen.
- Informations- und Beratungsmaßnahmen für Landwirte, Politiker, Bevölkerung sowie Land-wirtschafts- und Naturschutzverwaltung.
- Kontrolle und konsequente Ahndung von Verstößen.

Abb. 12: Anforderungen an ein effizientes Biotopvernetzungskonzept in Herbrechtingen (Heißenhuber, Köbler, Reitmayr 1996, S. 23)

Die Randstreifenextensivierung im Ackerbau führt bei zahlreichen Betrieben zu erheblichen Problemen (z.B. Klettenlabkrautdurchwuchs), so daß sie eher als Negativbeispiel anzusehen ist und damit generell eine extensive Ackernutzung als Problem erscheinen läßt. Die Hauptursache liegt sicherlich darin, daß für die Streifen eine entsprechend angepaßte Produktionstechnik angewandt werden muß, sich die Bewirtschaftung jedoch meist nur im Verzicht auf den Mineraldüngereinsatz und den chemischen Pflanzenschutz von der integrierten Variante auf der Restfläche des Schlages unterscheidet. Bei einer schlagbezogenen Extensivierung könnte durch eine optimierte Fruchtfolge, dem Anbau resistenter Sorten und einen entsprechend weiteren Drillreihenabstand der Unkraut- und Krankheitsdruck reduziert werden, so daß ein entsprechend hoher Deckungsbeitrag erwirtschaftet werden kann. Da die Betriebe an einer extensiven Ackernutzung im Rahmen des MEKA-Programmes (Marktentlastungs- und Kulturlandschaftsausgleichsprogramm) teilnehmen, sollte die Biotopvernetzung verstärkt auf eine optimale Verteilung dieser extensiv bewirtschafteten Ackerflächen abzielen, so daß letztendlich ein Biotopverbund erzielt wird, der nicht auf 3m breiten Streifen, sondern auf einer Vernetzung der Schläge basiert.

Am Fallbeispiel Herbrechtingen zeigt sich für eine effiziente Umsetzung der Biotopvernetzung ein erhebliches Defizit bei der Informationsvermittlung. So erfolgte z.B. die Kartierung der extensiv bewirtschafteten Flächen ohne Vorankündigung bzw. ohne Einbindung der Landwirte. Es erscheint jedoch dringend erforderlich, den Landwirten auf der jeweiligen Fläche bestimmte positive oder negative Entwicklungen darzustellen. Dieses Problem zeigte sich auch bei den anderen Fallbeispielen und unterstreicht daher die Notwendigkeit eines kooperativen Ansatzes zur Realisierung der Ziele des Natur- und Umweltschutzes.

Die Kontrolle der vertraglichen Vereinbarungen stellt ein erhebliches Problem dar. Es ist davon auszugehen, daß mit einem Anstieg des zusätzlichen Einkommens die vertraglichen Vereinbarungen tendenziell besser eingehalten werden, als dies bei einem vergleichsweise geringen finanziellen Ausgleich bzw. einer sehr niedrigen Einkommenskomponente der Fall ist. Eine Vielzahl der erwünschten Arten auf der Extensivfläche nimmt mit einer Verringerung der Streifenbreite deutlich ab, so daß die Effizienz des Mitteleinsatzes nur bedingt gegeben ist. Bei einer stärkeren Einbindung der Kommune, z.B. über einen Eigenanteil könnte ein Beauftragter der Kommune diese Kontrolle übernehmen. Dadurch lassen sich die Kontrollkosten weitgehend minimieren.

Die ressourcenschonende Bewirtschaftung dürfte sich durch den neu eingerichteten Bauernmarkt in Herbrechtingen langfristig als Verkaufsargument herausstellen lassen. Dadurch wird in der Bevölkerung das Bewußtsein für die Biotopvernetzungsmaßnahmen gestärkt und die Bindung von Verbraucher und Erzeuger weiter gefestigt. Der Bauernmarkt kann auch als Forum für die Informationsvermittlung genutzt werden, so daß die Bevölkerung über die Belange des Naturschutzes und der Landwirtschaft informiert werden kann.

Fazit

Am Fallbeispiel Herbrechtingen wird deutlich, daß insbesondere im Zusammenhang mit einer extensiven Ackernutzung schlagbezogene Konzepte einer Randstreifenextensivierung vorzuziehen sind. Kontrollmaßnahmen sind aus Gründen der effizienten Mittelverwendung notwendig, wobei ein Fehlverhalten zunächst angemahnt und erst bei weiterem Verstoß geahndet werden sollte. Information und Beratung stärken bei den Landwirten und der Bevölkerung das Bewußtsein für die ressourcenschonende Bewirtschaftung. Ohne entsprechenden Beratungseinsatz dürfte bei Neuverhandlungen die Vertragsfläche deutlich abnehmen.

4.4 Flurbereinigungsverfahren Sersheim (Baden-Württemberg)

Die Rahmenbedingungen in Sersheim sind kurz wie folgt zu beschreiben:
- Intensive landwirtschaftliche Produktion unter günstigen Standortbedingungen; Anbau von wettbewerbsstarken Kulturen (Zuckerrüben).
- Flächenknappheit durch Siedlungsdruck, Notwendigkeit zur Reinvestition von Entnahmegewinnen und Flächenbedarf für eine geplante Umgehungsstraße.
- Projektziel: Einbringung landschaftsplanerischer Maßnahmen in ein laufendes Flurbereinigungsverfahren zu einem relativ späten Zeitpunkt.

Analyse

Eine ökonomische Teilanalyse des durchgeführten Wegrandstreifenprogrammes zielt in dieser Gemeinde in erster Linie auf eine Einbindung der ressourcenschonenden Bewirtschaftungs- und Pflegemaßnahmen in die Betriebsorganisation (Produktionsverfahren, Futtermenge- und -qualität) und daraus abgeleitete ökonomische Konsequenzen ab. Einkommensbeiträge bzw. Einkommenssicherung haben bei diesem Programm keine Bedeutung (Abb. 13).

Die vertragliche Zahlung von 2800 DM/ha beinhaltet einen Ausgleich für den entgangenen Deckungsbeitrag und die Aufwendungen für die Grünlandpflege bzw. -nutzung. Darüber hinaus enthält dieser Förderbetrag auch eine Anreizkomponente, da die Landwirte ein Programm neben einem objektiv kalkulierbaren wirtschaftlichen Nachteil auch nach subjektiven Kriterien bewerten. Der aus ökonomischer Sicht überhöhte Betrag ist aus dem Umstand zu erklären, daß die Flächenanteile sehr gering sind und deshalb ein derart großer Anreiz notwendig ist, um eine Teilnahme zu erreichen. Je nach Standort und Fruchtfolge errechnet sich für jeden Betrieb ein spezifischer Ausgleichsbetrag. Mit Blick auf die Ergebnisse der Betriebsbefragung in Sersheim sowie hinsichtlich der Übertragbarkeit der Erkenntnisse auf andere Gebiete lassen sich für die Berechnung von Ausgleichszahlungen die in Abbildung 14 dargestellten Grundsätze ableiten. Die Bedeutung einer derartigen Vorgehensweise unterstreichen die Ergebnisse der 1995 in Sersheim durchgeführten Erfolgskontrolle sowie die 1996 erfolgte Abschlußveranstaltung zusammen mit der Gemeinde Sersheim. Der langfristige Untersuchungsansatz sowie die Evaluierung der Programmaßnahmen zu einem späten Zeitpunkt in der Programmphase liefern wichtige Anhaltspunkte für die Übertragbarkeit der Ergebnisse.

Als wesentliche Forderung läßt sich die Transparenz der Berechnungsgrundlagen ableiten. Bei dem Ausgleichsbetrag von 2800 DM/ha zeigt sich, daß dieser Wert "zementiert" wurde und daher bei den anstehenden Vertragsverlängerungen und der zukünftig notwendigen Teilfinanzierung der Maßnahmen durch die Gemeinde zu einer Fehlallokation der knappen finanziellen Mittel führen kann. Von der Gemeinde wurden die Zahlungen für das Wegstreifenprogramm mit den Kosten für einen Kindergartenplatz verglichen. Einer derartigen Argumentationsweise kann man nur durch die Offenlegung der Berechnungsgrundlagen begegnen. Es war deutlich zu erkennen, daß der Ausgleichsbetrag von 2800 DM/ha vielfach als Einkommenstransfer und weniger als Entgelt für eine erbrachte Umweltleistung verstanden wurde.

Durch die flächenbezogenen Ausgleichszahlungen im Rahmen der EU-Agrarreform haben sich gegenüber der Situation bei Programmbeginn die Berechnungsgrundlagen zur Ermittlung des wirtschaftlichen Nachteils (Deckungsbeitragsverlust auf Programmfläche) geändert. Eine aus Sicht der Landwirte sehr weitreichende Anforderung des Ressourcenschutzes stellt der Verzicht auf Düngung und Pflanzenschutzmittel dar. Gegenüber den Bedingungen vor der EU-Agrarreform verringert sich der wirtschaftliche Nachteil im Getreidebau je nach Ertragsniveau in der Ausgangs- und Zielsituation von bisher 400 - 500 DM/ha auf etwa 200 - 300 DM/ha. Dies sollte daher auch bei Neuverhandlungen berücksichtigt werden. Darüber hinaus läßt sich durch die Offenlegung der Berechnungsgrundlagen auch die Akzeptanz für notwendige Änderungen des Ausgleichsbetrages deutlich erhöhen. Diese Vorgehensweise unterstreicht zudem die Bedeutung von Leistung und Gegenleistung und zielt daher auch auf die Sicherung der Akzeptanz von Seiten der Geldgeber ab.

- Erfassung der einzelbetrieblichen Situation (Fruchtfolge, Möglichkeit zur Verlagerung von wettbewerbsstarken Kulturen, Analyse der Grundfutterproduktion).
- Kalkulation des Fruchtfolgedeckungsbeitrages
- Überprüfung, inwieweit eine Verlagerung wettbewerbsstarker Kulturen auf andere Flächen möglich ist und somit mit einem niedrigeren Fruchtfolgedeckungsbeitrag kalkuliert werden kann.
- Ermittlung des wirtschaftlichen Nachteils durch den Verlust des Fruchtfolgedeckungsbeitrages auf der Programmfläche
- Ermittlung von Vorteilen (z.B. Nutzung des Wegrandstreifens als Vorgewende im Herbst) bzw. Nachteilen durch Bewirtschaftungserschwernisse auf der Restfläche (z.B. Pflanzenschutzmittelausbringung, zusätzlicher Arbeitszeitbedarf)
- Berechnung der Kosten für die Grünlandnutzung bzw. Grünlandpflege (Eigenmechanisierung)
- Kalkulation des wirtschaftlichen Nachteils (ohne Anreizkomponente)
- Ableitung eines differenzierten Pauschalbetrages (Marktfruchtbaubetriebe oder Futterbaubetriebe)
- Ermittlung der notwendigen Anreizkomponente zur Sicherung einer hohen Akzeptanz (Ausgleich für subjektive Nachteile aus Bewirtschaftungsvereinbarungen)

Abb. 13: Vorgehensweise zur Berechnung eines Ausgleichsbetrages für die Anlage und Pflege eines Wegrandstreifens (Heißenhuber, Köbler, Reitmayr 1996, S. 17)

Eine zentrale Frage bei der Beurteilung des Wegrandstreifenprogrammes ist die Dauerhaftigkeit dieser Anlagen. In der Kosten-Nutzen-Analyse sollte daher der zusätzliche Nutzengewinn einer langfristigen Anlage gegenüber einer kurzen Nutzungsdauer ermittelt werden. Sofern aus ökologischer Sicht diese Langfristigkeit deutlich höher bewertet wird, sind mit Blick auf die neuen Vertragsabschlüsse die in Abbildung 15 aufgestellten Anforderungen an die Förderpraxis zu stellen.

Neben diesen zeitlichen Aspekten sollte insbesondere die Pflege der Wegrandstreifen besser geregelt werden. Dies muß nicht zwangsweise über einen einheitlichen Schnittzeitpunkt erfolgen, sondern sollte sich z.B. an der Entwicklung des Pflanzenbestandes orientieren. Auf jeden Fall sollte geklärt werden, inwieweit die Programmziele bei einem Pflegeschnitt innerhalb des von den Landwirten angegebenen Zeitrahmens zwischen dem 15. Mai und dem 15. Juni erfüllt worden sind.

Da derzeit die in Abbildung 15 genannten Punkte völlig offen sind, kann aus ökonomischer Sicht dem Landwirt nicht zu einer Vertragsverlängerung auf den derzeitigen Flächen geraten werden. Kurzfristig könnte durch ein dauerhaftes Programmangebot von Land und Gemeinde oder durch den Ankauf dieser Flächen diese Problematik gelöst werden. Langfristig sollte die Wiedereinsetzung in den vorherigen Stand (vor Programmteilnahme) aus Gründen der Akzeptanzsicherung von Agrarumweltprogrammen festgeschrieben werden.

Darüber hinaus zeichnet sich ab, daß die Akzeptanz für neue Vertragsabschlüsse durch eine gezielte Regionalberatung vor dem Ende der bestehenden Verträge deutlich erhöht werden kann. Neben Informationsveranstaltungen könnten im Rahmen von Einzelberatungen bei den derzeit teilnehmenden Landwirten und auch mit weiteren interessierten Landwirten die bestehenden Flächen erhalten, bzw. neue Flächen hinzugewonnen werden.

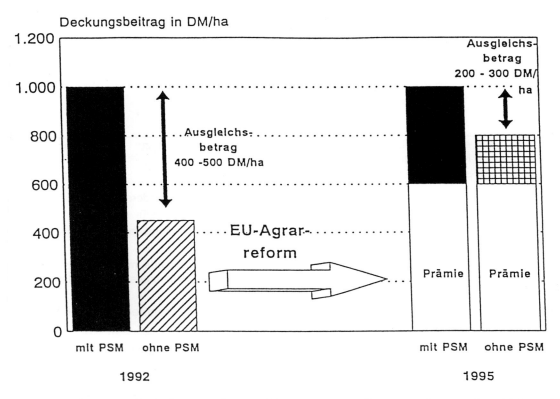

Abb. 14: Auswirkungen der EU-Agrarreform auf die Kosten des Gewässerschutzes (Getreidebau ohne Mais) (Heißenhuber, Köbler, Reitmayr 1996, S. 18)

- Aufrechterhaltung des Förderanspruches der vor der Flächenumwidmung bestand (z.B. Anspruch auf flächenbezogene Ausgleichszahlungen im Rahmen der EU-Agrarreform)
- Berechtigung zur Rückumwandlung nach Vertragsende bzw. in besonders begründeten Einzelfällen (schützenswerter Artenbestand) weiterhin Ausgleich des wirtschaftlichen Nachteils.
- Aufnahme der oben genannten Punkte in den Vertragstext

Abb. 15: Anforderungen an die Förderpraxis von Agrar- und Umweltprogrammen bei einer langfristigen Nutzungsänderung in Form von Wegrandstreifen (Heißenhuber, Köbler, Reitmayr 1996, S. 19)

Fazit

Aufgrund ungelöster rechtlicher Fragen bei der Fortführung des Wegrandstreifenprogrammes, knappen finanziellen Mitteln für eine einzelbetriebliche Beratung zum Vertragsneuabschluß sowie möglicher Probleme im Zusammenhang mit der zukünftig erforderlichen Eigenleistung der Gemeinde, zeichnet sich im Sommer 1996 in erheblichem Umfang die Rückumwandlung der bestehenden Wegrandstreifen ab. Es ist zwar davon auszugehen, daß die bislang teilnehmenden Vertragslandwirte wieder Wegrandstreifen ansäen werden, im Hinblick auf den ökologischen Nutzen und die damit verbundenen Kosten der Neuansaat sollte die sich abzeichnende Entwicklung kritisch betrachtet werden.

Der Übergangsphase von einer bestehenden vertraglichen Vereinbarung zu einem neuen Vertragsabschluß sollte hinsichtlich rechtlicher Hinderungsgründe bzw. offener Fragen und mit Blick auf die Akzeptanz der Landwirtschaft besondere Beachtung zuteil werden. Da bei einer Reihe von Agrarumweltprogrammen dieser Übergang in den nächsten Jahren ansteht, leitet sich hier ein besonders hoher Forschungsbedarf ab.

5 Umsetzungsorientierte Landschaftsplanung als Kommunikations- und Kooperationsmodell (Oppermann)

5.1 Die Träger der Landschaftsplanung und ihrer Umsetzung

Das Erprobungsprojekt endete 1993 mit der These, daß ein eher kooperatives Planungsmodell verstärkt zur Umsetzung von Landschaftsplänen beitragen kann, so daß der verstärkte Einsatz kommunikativer und kooperativer Planungselemente in der Landschaftsplanung gefordert wurde. Als Akteure der Landschaftsplanung können nach dem Sachverständigenrat für Umweltfragen folgende Gruppen unterschieden werden (SRU 1994, S. 159 ff):

- Die "Experten in der Sache", also Wissenschaftler, Techniker (Planer), Sachspezialisten jeglicher Art,
- die "Experten des Gemeinwohls", worunter Politiker und die Angehörigen der Verwaltung verstanden werden,
- die "Experten aus Engagement", nämlich all jene Gruppierungen, die ein besonderes umweltspezifisches Leitinteresse zu Sachverwaltern des Umweltgedankens macht, wie Tierschutz-, Naturschutz- und Umweltschutzverbände, Kirchen, Bürgerinitiativen etc. sowie
- die "Experten der Vermittlung", also insbesondere Medienexperten oder Erzieher.

Die Experten der Vermittlung sollen im Folgenden etwas weiter gefaßt werden. Hierzu zählen auch Experten, die als Moderatoren und Prozeßbegleiter zwischen verschiedenen Interessen vermitteln können. Dies können Agrarberater, Landschaftsplaner aber auch neutrale Vermittler (Mediatoren) sein. Neben den Experten aus Engagement sind zusätzlich "Gegenexperten aus Engagement" in die Debatte einzuführen, also Gruppen, die sich aktiv gegen Umweltschutzmaßnahmen, aus welchen Gründen auch immer, wenden. Schließlich sind die Experten des Gemeinwohls als Verantwortungs- und Entscheidungsträger vor Ort wichtige Motivatoren, Multiplikatoren und Promotoren der Landschaftsplanung. Als potentielle Beteiligte eines kooperativen Landschaftsplanungsverfahrens wurden die Gemeinden, die Bürger und Konsumenten, Interessenvertreter, zuständige Ämter, Ministerien und landwirtschaftliche Betriebe bereits genannt (Abb. 3). Die Rolle der Landschaftsplaner war als durchgängige Aufgabe im Planungs- und Umsetzungsprozess definiert, denn ohne die Experten in der Sache kommt kein Modell der Landschaftsplanung aus. Neben einer Phase der Vorplanung wurde eine Phase der Projektsteuerung am Runden Tisch und eine Phase der praktischen Umsetzung gefordert.

Seither ging die Diskussion weiter. Die benötigte Ausformung der Landschaftsplanung in Richtung auf eine stärker prozeßorientierte Planung mit kommunikativen und kooperativen Elementen zu ihrer Umsetzung ist unbestritten und bedarf der weiteren Konkretisierung. Es geht darum, verschiedene mögliche Entwicklungslinien oder Modelle aufzuzeigen. Folgende charakteristische Schwerpunkte, die in den folgenden Kapiteln erläutert werden, kristallisieren sich heraus (Abb. 16):

- das sachlogische Modell der Landschaftsplanung, bei dem fachwissenschaftliche Einzelexpertisen durch Landschaftsplaner zusammengefaßt und gebündelt werden. Nach der gemeindlichen Abwägung orientieren sich die Umsetzungsaktivitäten unterschiedlichster Fachbereiche oder Privater an den landschaftsplanerischen Vorgaben (Modell 1),
- ein politisch-administratives Modell, bei dem die zwischenbehördliche Koordination als Aufgabe im Vordergrund steht (Modell 2),
- ein Modell, das hauptsächlich auf einer Aushandlung von Interessen zwischen Verbänden und organisierten Interessengruppen beruht (Modell 3), und
- ein partizipatorischer Ansatz, der auch Ziele der Umweltbildung in sich vereinigt (Modell 4).

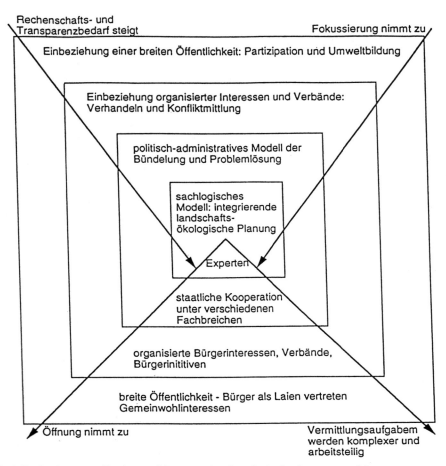

Abb. 16: Vier Modelle für kommunikative und kooperative Landschaftsplanungsverfahren

Die betrachteten Modelle unterscheiden sich in der Art, wie sie die unterschiedlichen Akteure in der Umweltpolitik zusammenbringen und welche Rolle dabei insbesondere die Landschaftsplaner einnehmen können und sollten. Sie können nicht unabhängig voneinander diskutiert werden. Sie bauen aufeinander auf und ergänzen sich gegenseitig. Wenn das Postulat einer weitreichenden Öffentlichkeitsbeteiligung und Umweltbildungsinitiative aufgestellt wird, sind die Aussagen zur Notwendigkeit der Vermittlung der fachlichen Expertise und die Forderung einer Bündelung von Geldern und Initiativen aus verschiedenen Ressorts genauso gültig, ohne daß dies explizit noch einmal erwähnt werden muß. Die weitreichenderen Modelle schließen die Anforderungen der enger gefaßten Modelle mit ein. Auf die Sachorientierung der Landschaftsplanung kann nicht verzichtet werden, so daß das erste Modell als tragender Baustein bzw. als Skelett für die anderen Modelle angesehen werden kann.

5.2 Vier Modelle für die Umsetzung von Landschaftsplänen

5.2.1 Modell der sachlogischen Landschaftsplanung: Kommunikation und Kooperation unter Experten

Beschreibung des Modells

Ökologische Ziele liegen nicht für jedermann auf der Hand, und ökologische Gefährdungen sind nicht ohne weiteres sichtbar, spürbar oder erfahrbar.

Die Darstellung
- von Belastungen des Naturhaushaltes,
- von Potential und Empfindlichkeit der Umweltmedien, und
- die Ableitung von ökologischen Gefährdungen gesellschaftlicher Nutzungsansprüche

kann nur methodisch und sachorientiert durch "Experten in der Sache" erfolgen. Nach Gassner kommt der fachlichen Bestandsaufnahme für die Konkretisierung der Ziele und für die Entwicklung von Erfordernissen und Maßnahmen ein besonderer Stellenwert zu (Gassner 1995, S. 100). Besondere Problemlagen erfordern detaillierte Kenntnisse ökologischer Spezialdisziplinen wie populationsökologische, hydrogeologische und kulturgeschichtliche Fachgutachten. Auch die Erfassung der Einstellungen der Bewohner zur Landschaft (Akzeptanzvoruntersuchung) oder der Landschaftsnutzer (Agrarberatung) kommt nicht ohne sozialwissenschaftliche und ökonomische Methoden aus. Ortsansässige Laien können die theoretische Expertise eines externen Landschaftsplaners zusätzlich bereichern (historisches Wissen, Bewertung von Landschaftsqualitäten, Bestandsaufnahmen von Artengruppen als Hobby etc.).

Die Bestandsaufnahme besitzt ein besonders hohes Gewicht im gesamten Planungsprozeß. Ohne die anwendungsorientierte Zusammenführung der Erkenntnisse zu einer schlüssigen Landschaftsentwicklungskonzeption können jedoch keine Problemlösungen vorgeschlagen und zur Diskussion gestellt werden. Dazu existieren Methoden, Verfahrensschritte und Mindeststandards, die in einem definierten Leistungsbild zur Qualifizierung der Landschaftsplanung beitragen. Der notwendige Aufwand zur Lösung der Aufgabe der Landschaftsplanung wird in der Honorarordnung für Architekten und Ingenieure (HOAI) festgeschrieben.

Werden die Ergebnisse der Landschaftsplanung zu früh verhandelt bzw. in andere Planungswerke integriert, liegt keine Landschaftsplanung im definierten Sinne vor (Gassner 1995, S. 106). Gassner betont weiterhin, daß Landschaftsplanung auf keinen Fall auf einen Planungsprozeß reduzierbar sei, sondern immer erst über das Ergebnis des Prozesses, also über ein konkretes Planungsprodukt, eben den Plan mit Text und Erläuterungen wirke (ebd. S. 99). Insofern wird eine gewisse Abschottung der landschaftsplanerischen Arbeitsweise gefordert, bis das Zielkonzept oder Leitbild fachlich genügend gefestigt ist, um dann in den gemeindlichen Abwägungsprozessen wieder grundsätzlich zur Disposition zu stehen. Vor der Umsetzung steht somit immer ein Gemeinderatsbeschluß zur Annahme der landschaftsplanerischen Ziele und zur Finanzierung von Umsetzungsaktivitäten.

Diskussion

Dieses Modell der Landschaftsplanung garantiert ohne Zweifel eine große Sachgerechtigkeit und Qualität der vorgeschlagenen Problemlösung. Auch die Funktion der Vorhalteplanung z.B. zum Zweck der Umweltberichterstattung oder als Maßstab für die Erfolgskontrolle gewinnt immer mehr an Bedeutung. Allerdings ergeben sich hier Kollisionen mit den derzeitigen Finanzengpässen der Gemeinden und Projektträger. Eine bessere Anpassung der Untersuchungsgegenstände und Untersuchungstiefe an die Problemlage vor Ort erscheint angemessen. Auf der Ebene der Landschaftsplanung werden in Zukunft wahrscheinlich eher grobe Untersuchungskonzepte zur Problemeingrenzung und Leitbildformulierung entwickelt, die dann in der Umsetzung vertieft und detailliert werden müssen.

Als besonderer Vorteil dieses Planungsmodells kann seine hohe Affinität zu den gesetzlichen Regelungen und formalen Planwerken der Gemeinden gelten. Auch wenn die Gemeinden die Belange des Natur- und Umweltschutzes vollständig wegwägen können, wird der Begründungszwang für diese Entscheidung höher.

Bedenklich erscheint das Modell im Hinblick auf die unzureichend ausgestalteten Überlegungen zur Umsetzung bzw. zur Verwirklichung der Pläne. Diese wird den Behörden und den privaten Eigentümern überlassen. Ein Landschaftsplan verwirklicht sich also nur als Angebotsplanung über den Willen der Verwaltung und der Bürger vor Ort. Im Gegensatz zur Steuerung der Bebauung können durch die Realisierung landschaftsplanerischer Maßnahmen in der Regel keine Gewinne erzielt werden. Auf die Landschaftsnutzer kommen Kosten oder Einkommenseinbußen zu, wenn sie sich konform zu den Zielen der Landschaftsplanung verhalten wollen. Die erhoffte Selbsterklärungs- und Motivierungskraft der Bestandsaufnahme kann in der Praxis ebenfalls nicht beobachtet werden. Es bedarf deshalb besonderer Anstrengungen zur Vermittlung der landschaftsplanerischen Ergebnisse

- im Abwägungsprozess, um der landschaftsplanerischen Argumentation möglichst weitreichend Geltung zu verschaffen und
- in einer eigenen Phase der Planumsetzung (Detaillierung und Konfliktlösung).

Pragmatisch orientierte Planer kritisieren, daß die Suche nach konfliktlösenden Umsetzungsmöglichkeiten häufig ins Hintertreffen gerät. Werden z.B. weitergehende Umsetzungsschritte geplant, bei der die Landnutzer die Ziele der Landschaftsplanung aktiv nachvollziehen und umsetzen sollen (Landbewirtschaftung), so wird neben landschaftsplanerischem Wissen auch Fachwissen aus anderen Fachbereichen, wie zum Beispiel der Technik der Landbearbeitung, benötigt. Dann stellen die Planer aber häufig fest, daß es mehrere gleich gute Lösungen oder zumindest mehrere diskussionswürdige Lösungen gibt. Die Offenlegung von Ermessensspielräumen (nicht ihre Verengung) wäre in der Phase der Umsetzung das Planungsgebot. Damit die Ergebnisse der Verhandlungen dennoch im fachlichen Sinn gerechtfertigt werden können, müssen Planungsannahmen ständig überprüft und kontrolliert werden. Dazu können Erfolgskontrollen und die ständige Überprüfung von Zielsystemen in zeitlichen Abständen dienen.

Lernfelder für Landschaftsplaner und Projektverantwortliche

Die Materie der Landschaftsplanung eignet sich gut dazu, konkret und anschaulich auf lokale Umweltprobleme hinzuweisen. Planer müssen lernen, über ihre Arbeitsweisen sachlich zu berichten und die Maßnahmen, die sie vorschlagen, anschaulich zu beschreiben. Landschaftsplaner können die Kommunen beraten, Umsetzungsprozesse initiieren und diese fachlich vorbereiten. Das Umsetzungswissen der Bevölkerung und der Behörden muß in den Planungs- und Umsetzungsprozeß zusätzlich eingebunden werden.

Expertenwissen kann jedoch nur akzeptiert werden, wenn es in einer adressatenorientierten Art und Weise weitergegeben wird. Dazu sind von seiten der Planer und der Projektträger einige Anstrengungen zu unternehmen. Die zielgruppenspezifische Aufbereitung und Vermittlung von Datenmaterialien benötigt spezielle Kenntnisse. Von Auftraggebern kann erwartet werden, daß Ingenieure fähig sind, ihr Fachwissen weiterzugeben und ihre Ideen in angemessener Art und Weise (nicht auf dem hohen Roß) zur Diskussion zu stellen (Schulz von Thun 1981).

Das bedeutet andererseits aber nicht, daß sie mit der Übernahme eines Auftrags, ein professionelles journalistisches und öffentlichkeitsorientiertes Vermittlungsprogramm automatisch mitliefern, sondern daß diese Leistungen, wenn sie über das normale Maß (z.B. ein Vorstellungstermin der Ergebnisse im Gemeinderat und in der in der Öffentlichkeit) hinausgehen entsprechend honoriert werden müssen. Diese Sonderleistungen zur Erstellung von Broschüren, zur Organisation von Exkursionen, zur Durchführung von Bildungsveranstaltungen lohnen sich. Wir wagen die These, daß in Zukunft nicht mehr nur die wissenschaftlich-technische Güte der Gutachten, sondern zusätzlich die Vermittlungsfähigkeit der Planer einen wichtigen Faktor für die Auftragsvergabe darstellen wird.

Hinweise auf das sachlogische Modell in den vier Erprobungsgemeinden

Das sachlogische Modell steckt in den Köpfen der meisten Landschaftsplaner. Am weitestgehenden wurde dieses wissenschaftlich orientierte Planen in Marchetsreut und Herbrechtingen praktiziert. Die Untersuchungen der Planer wurden auf einem hohen fachlichen Niveau erstellt und den örtlichen Umsetzungsexperten überlassen. Die Landwirte setzten ihre Alltagskenntnisse ebenfalls ein. Im Rahmen der Betreuung der Maßnahmen hätten diese Wissensbestände (Fach- und Alltagswissen) gut zusammengeführt werden können. Dies hätte allerdings eine weitaus größere Präsenz der Landschaftsplaner vor Ort erfordert.

In Stephanskirchen wird der Landschaftsplan seit einigen Jahren im Rahmen eines eigens konzipierten Umsetzungsprojektes verwirklicht. Für die Aufstellung des Grünordnungsplans wurden parallel zur Bestandsaufnahme die erforderlichen Schritte für die Umsetzung in die Wege geleitet. Daraus läßt sich schließen, daß Planungs- und Umsetzungsphase zeitlich ineinander übergehen oder sogar parallel betrieben werden können. Dies wird durch die Einbeziehung des Landschaftsplaners in beiden Phasen ermöglicht. In Sersheim wurde sehr frühzeitig ein fachlich fundiertes detailliertes Konzept entworfen, das als Leitlinie für die Verhandlungen mit den Landwirten diente. Für diesen Zweck wären grobere Aussagen vermutlich ausreichend gewesen.

5.2.2 Modell politisch-administrativer Kommunikation und Kooperation zwischen Experten, Verwaltung und Politik

Beschreibung des Modells

Landschaftspläne sind nicht ohne die Zusammenarbeit zwischen Politkern und Behördenvertretern umzusetzen. Deshalb geht das zweite Modell von einer Weiterentwicklung und Öffnung des rein methodisch-wissenschaftlich orientierten Vorgehens aus. Durch die Gründung von informellen Planungsgremien wie Runden Tischen oder Arbeitskreisen, die die formellen Umsetzungswege ergänzen sollen werden Barrieren zwischen sektoral getrennten Fachbereichen und Verwaltungsebenen abgebaut (horizontale und vertikale Bündelung). Die Zusammensetzung der Gremien erfolgt nach sachlichen Gesichtspunkten unter der Fokussierung eines Planungsproblems. Die Umsetzung folgt pragmatischen Kriterien und ergibt sich quasi aus der Sachlage und den finanziellen und gesetzlichen Mitteln der Ressorts. Durch die frühzeitige Einbeziehung potentieller Landschaftsnutzer und Umsetzer, bzw. ihrer Ressortvertreter in der Verwaltung, wird ein gemeinsames Interesse an der späteren Verwirklichung der Pläne erreicht, so daß dann "nur noch" eine Abstimmung der jeweiligen Aktivitäten untereinander notwendig ist.

Im besonderen Fall von Pilotprojekten wird versucht, die vertikale Gliederung der Verwaltung mithilfe von hierachieübergreifenden, auf Projekte bezogenen Arbeitskreisen zu überwinden. Kontrollierende und geldgebende Behörden übernehmen eine Art Initiierungs- und Betreuungsfunktion. Sie bedienen sich des örtlichen Fachverstandes, um ihre Programme an den aktuellen Bedarf anzupassen und Unsicherheiten der Programmanwendung zu überwinden. Umgekehrt können sie ihre Absichten anschaulich an herausgehobenen Pilotbeispielen demonstrieren.

Diskussion

Als Modell kann diese Art der Kommunikation und Kooperation sicher zu realisierbaren Plänen und erfolgreichen Umsetzungskonzeptionen beitragen. Das Vorgehen hilft, Barrieren zwischen Ämtern und Kompetenzbereichen zu überwinden, ohne den Kreis der Beteiligten allzuweit zu öffnen. Das

Modell kann dadurch als effizientes Mittel zur Umsetzung von Landschaftsplänen angesehen werden, da man unter Verwaltungsfachleuten eben "dieselbe Sprache" spricht. Die klare Kompetenzverteilung zwischen den Behörden ist durch gesetzliche Vorgaben mitbestimmt.

Da das Ressort des Umwelt- und Naturschutzes aber häufig mit nur geringen Umsetzungsmitteln ausgestattet ist, und andere Ressorts noch ungenügend auf Umweltschutzziele verpflichtet sind, müßte der Landschaftsplanung als Ziele generierendes Verfahren und Maßstab zur Überprüfung von Erfolgen und Mißerfolgen in diesem Modell mehr Geltung als bisher verschafft werden. In konfliktreichen Situationen stellt sich weiterhin die Frage, ob es ausreicht, daß sich nur die Behördenvertreter oder Träger öffentlicher Belange als Stellvertreter für Interessenlagen untereinander verständigen, zumal Wasserschutz- und Naturschutzbehörden häufig als "störende" Träger öffentlicher Belange wahrgenommen werden (Kirchhof 1994). Konflikte werden außerhalb der öffentlichen Beobachtung mittels Verwaltungsabsprachen ausgetragen. So genügt das Modell nicht den weiterreichenden Beteiligungsansprüchen der Verbände oder der Bevölkerung. Nur eine ganz eindeutige Definition der Rollen, Aufgaben und Kompetenzen der Akteure kann die notwendige Transparenz und Nachvollziehbarkeit eines solchen Umsetzungsprozesses gewährleisten.

Zusätzlich werden immer wieder Zweifel laut, daß die Verwaltung sich der Aufgabe der Umsetzung nur theoretisch und nicht in der Realität annehme. Wer die Initiative zu einem solchen Vorgehen ergreift, und welche Anläße zu der erwünschten Kooperation führen, ist häufig unklar. Ein Gebot zu besonderen Kooperationsaktivitäten ist, außer in Krisensituationen schwer zu verankern. Motivierung und Aktivierung wäre im verstärktem Maße eine Aufgabe der Politker, der übergeordneten Genehmigungs- und Fachbehörden und der Öffentlichkeit.

Lernfelder für Landschaftsplaner und Projektverantwortliche

Landschaftsplaner gewinnen in der Aufgabe der Zusammenfassung sachlich nicht abgestimmter Initiativen zu einem stringenten Umsetzungskonzept eine neue Rolle als Sachvermittler zwischen den Fachbehörden. Sie müssen die Unzulänglichkeiten der bürokratischen Arbeitsteilung kompensieren. Die Kompetenz des Landschaftsplaners liegt in seinem breiten Orientierungswissen, das eben nicht nur einem Ressort zugehört (wasserbauliche, agrarökologische und naturschutzfachliche Gutachten werden von unterschiedlichen Auftraggebern bestellt). Die geforderte "sachliche Neutralität" (Bayr. Staatsministerium für Landesentwicklung und Umweltfragen 1996a) aufgrund der ökologischen Fachkompetenz wird allerdings nicht von allen Ressorts akzeptiert werden. Von Landschaftsplanern wird häufig gerade eine parteiliche Haltung verlangt, was sie als Vermittler in den Augen bestimmter Landschaftsnutzer unakzaptabel machen kann, besonders wenn sie sich strategisch-emotionaler Urteile nicht enthalten können oder wollen. Im Rahmen eines Grundkonsenses für ökologisch verträgliche Problemlösungen könnten dennoch gerade Landschaftsplaner Vertrauen für die Vermittlungsaufgabe bei den Akteuren erlangen.

Neben methodisch-naturwissenschaftlichem Wissen müssen Landschaftsplaner in diesem Modell ebenfalls umfangreiches Wissen zum Aufbau der staatlichen und kommunalen Verwaltungen und deren Funktionsprinzipien mitbringen. Dies kann bei erfahrenen Landschaftsplanern vorausgesetzt werden. Im Studium kommen diese, sich auch sehr dynamisch ändernden, verwaltungspraktischen Kenntnisse zu kurz. Dazu kommen muß die Fähigkeit, Personen aus Politik und Verwaltung für das Anliegen der Landschaftsplanung zu motivieren, zu aktivieren und zu beraten. Der Planer muß nahe am Geschehen sein. Ortskenntnis und Personenkenntnis in den Behörden spielen keine geringe Rolle bei dieser Form der Vermittlung zwischen Personen, Kompetenzen und Gremien.

Hinweise auf das Modell in den vier Fallbeispielen

In den Pilotprojekten wurde das Modell der zwischenbehördlichen Kooperation in Stephanskirchen vorbildlich praktiziert. Der häufige Hinweis, daß Stephanskirchen eben ein besonderer Fall sei, weil hier "alle an einem Strick ziehen", belegt, daß Landschaftsplan und Umsetzungsprojekt in der Zusammenarbeit so qualifiziert wurden, daß die Behörden dieses Modell dann auch als besonders förderungswürdig angesehen haben. Diese "Selbstläuferqualitäten" sind in einem Umsetzungsprozeß unersetzlich.

In Herbrechtingen wurde ebenfalls ein zwischenbehördlicher Arbeitskreis etabliert. Es ergab sich über mehrere Sitzungen eine Verantwortungsverlagerung hin zur Gemeinde. Der Landkreis war präsent und half unterstützend, das Projekt wurde jedoch nicht gemeinsam getragen. Auch der Arbeitskreis in Sersheim wies Ansätze zwischenbehördlicher Kooperation zwischen dem Landwirtschaftsamt, der Flurneuordnungsbehörde und der Gemeinde auf. Die Positionierung eines freien Agrarberaters gelang nur wegen der Vorgespräche im Arbeitskreis, sonst hätte Kompetenzgerangel die Arbeit des Beraters sicherlich erschwert. Das Interesse des Landesamts für Flurneuordnung und Landentwicklung konnte das Projekt durch die Saatgutberatung in Herbrechtingen und Sersheim konstruktiv unterstützen.

5.2.3 Modell der Kommunikation und Kooperation in einem institutionalisierten Netzwerk mit Verbänden und organisierten Interessengruppen

Beschreibung des Modells

Während die Verbände- bzw. Interessengruppen in dem vorher beschriebenen Modell nur im Einzelfall zu Verhandlungspartnern für die Behörden werden, baut das dritte Modell gerade auf der Nutzung des Sachverstandes und des Engagements der Umweltschutzgruppen auf. Die staatliche Suche nach zivilen Handlungsträgern für gemeinwohlorientierte Ziele hat mit der Verschärfung der finanziellen Situation an Ernsthaftigkeit gewonnen. Wurden früher solche "Public-Private-Partnerships" zwischen den Verwaltungen und Privaten nur in Einzelfällen und gnädig gewährt, so sollen diese Akteure heute bewußt in das Planungsgeschehen miteingebunden und in der Umsetzung konstruktiv tätig werden. Als mögliche Akteure, die die Naturschutzanliegen maßgeblich mittragen können, widmet der Sachverständigenrat für Umweltfragen der Rolle der Umweltverbände in seinem neuesten Gutachten seine besondere Aufmerksamkeit (SRU 1996). Der Rat unterscheidet zwischen den primären Umweltschutzverbänden, deren Hauptzweck der Umwelt- und Naturschutz ist und den sekundären Verbänden, die hauptsächlich Nutzungsinteressen und nur eingeschränkt auch ökologische Interessen vertreten (Jagd-, Fischerei- und Erholungsverbände etc.) (SRU 1996, S. 223).

Neben Gremien zur Förderung von Zusammenarbeit, wie Arbeitskreisen, Bürgerforen oder ähnlichen informellen Arbeitsgremien, die dem 2. Modell sehr ähnlich sein können, werden auch verschiedene Konfliktlösungsmodelle nach dem Mediationsprinzip (mit einem neutralen Vermittler) als Formen der Mitwirkung diskutiert (Renn, Oppermann 1995). Durch die Einbeziehung eines neutralen Vermittlers kann es gelingen, eine konstruktive Gesprächsatmosphäre zu etablieren. Die Vertreter möglichst unterschiedlicher Gruppen sollen miteinander ins Gespräch kommen. Wenn diese sich bezüglich eines umstrittenen Themas einigen, birgt die Empfehlung eine hohe Bindungswirkung für die letztlich entscheidenden Politiker. Ihnen wird die Entscheidungskompetenz zwar nicht abgenommen (sonst wäre dieses Modell nicht staatskonform), dennoch wird ein intensiver Austausch zwischen staatlichen Gremien und Gruppen (Befürworter und Gegner der Landschaftsplanung) organisiert. Einerseits verschließen sich die Wirtschafts- und Agrarverbände nicht länger ökologischen Fragestellungen, andererseits widmen sich die Umweltschutzverbände und -initiativen verstärkt ökonomischen Fragestellungen.

Das Modell geht davon aus, daß die Vertreter der Interessengruppen am Tisch die Übermittlung der Verhandlungsergebnisse in ihre Gruppen übernehmen, so daß der Teil der Öffentlichkeit, der ein besonderes Interesse an dem zu verhandelnden Gegenstand hat, indirekt informiert und in das Geschehen eingebunden ist. Der Rat plädiert dafür, die Verbände als "Experten aus Engagement", die auch Vermittlungsdienste für die Öffentlichkeit und Motivierungsfunktionen übernehmen können, zu fördern und zu stützen. Um ihrer neuen staatstragenden Rolle gerecht zu werden, versuchen die Verbände ihre Verbandsstrukturen intern zu professionalisieren, und fordern dazu staatliche Mittel. So werden verstärkt hauptamtliche Vertreter mit einem naturwissenschaftlichen Bildungshorizont in die Verhandlungsrunden delegiert. Je mehr Fachleute zu einer Qualifizierung der verbandlichen Stellungnahmen beitragen, desto höher würde dann das Niveau dieser Runden. (Damit geraten auf der anderen Seite die besonderen Qualitäten ehrenamtlich für eine Sache tätiger Personen, wie z.B. ihre hohe Motivationskraft oder ihre Bodenständigkeit in den Hintergrund.) Dazu kommt der Bedarf an anwendungsorientiertem ökologischem Wissen, das Landschaftsplaner als Ingenieure im Gegensatz zu den grundlagenorientierten Naturwissenschaftlern aufweisen.

Diskussion

Je häufiger sich solche Verfahren als wirklich entscheidungsrelevant erweisen werden, desto seltener wird sich die Auswahl der teilnehmenden Gruppen nur auf "Umweltschutzinteressierte" beschränken lassen. So werden Berufsverbände, Wirtschaftsverbände, oder eigens gegründete "Tarnorganisationen", darunter sind Verbände zu verstehen, die ihre wahren Ziele hinter allgemein akzeptierten Zielfloskeln verbergen (Peter, Kursawa-Stucke 1995), eine Teilnahme am Geschehen zurecht einfordern.

Die Verfahren können zudem in den Verdacht geraten, eine neue Form von Lobbyismus oder nicht legitimierter Einwirkung auf staatliche Entscheidungen zu sein. Runde Tische funktionieren häufig gerade deshalb, weil die öffentlichkeitswirksamen Schaukämpfe auf der politischen Bühne in den Hintergrund treten. Für eine breitere Öffentlichkeit sind die Diskussionen am Verhandlungstisch intransparent und schwer zu kontrollieren. Die Vertreter der Gruppen am Runden Tisch sind häufig schlicht überfordert, neben der Information ihrer Gruppen auch noch eine breit angelegte Öffentlichkeitsarbeit zu organisieren. Die Vermittlung der Ergebnisse für diese breitere Öffentlichkeit ist dennoch unerläßlich.

Das Modell der Landschaftsplanung als Streit- und Verhandlungsverfahren am Runden Tisch ist problematisch, weil fundiertes Fachwissen nicht systematisch in das Verfahren eingebunden sein muß. Im Extremfall wird es durch engagierte ehrenamtliche Informationsbeschaffung ersetzt. Weiterhin besteht die Gefahr, daß Verhandlungsergebnisse das Landschaftsplanungsverfahren ersetzen, wenn es keine Überführung der Ergebnisse in formelle und legitimierte Entscheidungsformen und Planungsverfahren gibt. Für Dritte gibt es dann keine Planungssicherheit, die Ergebnisse halten rechtlichen Anfechtungen nicht stand. Das Ergebnis wären Empfehlungen an die Politik oder zivilrechtliche Verträge unter den Beteiligten, die im Extremfall die etablierten Planwerke ersetzen.

Aber: Wenn es gelingt, den Fachverstand der Landschaftsplaner und die Motivierungskraft von Interessierten auf geeignete Weise in das Verfahren zu integrieren, besteht durch eine verstärkte Verbändebeteiligung die Möglichkeit, emotional geführte Konflikte und Debatten zu versachlichen, um so einen wichtigen Umsetzungsbeitrag in der Planung der Landschaftsentwicklung zu bewirken.

Lernfelder für Landschaftsplaner und Projektverantwortliche

Dafür müssen die Verfahren hohe Ansprüche z.B. bezüglich
- ihrer Transparenz für Außenstehende,
- der Legitimität der Teilnehmenden selbst sowie der durch sie vertretenen Gruppen, und
- der Neutralität der Moderatoren oder Mediatoren

erfüllen.

Die wichtigste Aufgabe der Landschaftsplaner wäre wiederum die möglichst verständliche Vermittlung fachlichen Wissens. Dazu kommt die Möglichkeit, in einem Projekt, in dem man nicht selbst als Fachgutachter fungiert, die Aufgabe der Moderation, Mediation, Prozeßbegleitung und Interessenvermittlung wahrzunehmen. Diese Rolle können Landschaftsplaner nur dann wahrnehmen, wenn sie als unparteiische oder als allparteiliche Verfechter von rationalen, für alle nachvollziehbaren und kooperativen Problemlösungen anerkannt sind.

Landschaftsplaner haben Fähigkeiten, potentielle Konfliktlagen naturwissenschaftlich zu beschreiben, methodisch abzuleiten und Konfliktlagen kreativ im Sinne von Planungsideen und Maßnahmenpakten aufzulösen. Dieses Wissen ist von großer Bedeutung, wenn es um die Mediation in Umweltschutzkonflikten geht. Dabei sind entscheidungstheoretische und planungsmethodische Fragen verstärkt in die Überlegungen miteinzubeziehen. Im Rahmen einer Mediation oder Moderation müssen Landschaftsplaner Vorgehensweisen vorschlagen und didaktisch vermitteln können, die auch von Interessierten oder Laien verstanden und angewendet werden können, und so als Gerüst für das Beteiligungsverfahren dienen können.

Die Verantwortlichen für den Planungsprozeß müssen besondere Kenntnisse hinsichtlich der kommunikationspsychologischen Grundvoraussetzungen für die Entscheidungs- und Konsensfindung haben. Auf dem Sektor der Moderation und Mediation konkurrieren andere Berufsfelder mit Landschaftsplanern. Mediatoren werden im Idealfall von dem Gremium des Runden Tischs berufen. Für das Mediationsgeschäft gilt: Konkurrenz belebt das Geschäft. Aber: Unabdingbar ist es, daß Landschaftsplaner als Experten in den Verfahren eine wichtige Rolle spielen.

Hinweise auf das Modell in den vier Fallbeispielen

In den vier Pilotverfahren gab es immer wieder Ansatzpunkte für die Vermittlungstätigkeit von Persönlichkeiten zwischen verschiedenen Interessenlagen. Es wurden in der Regel aber keine professionellen Vermittler für Projektsitzungen verpflichtet. Die Arbeitskreise wurden meist durch die Bürgermeister oder andere Projektverantwortliche moderiert. Dies zeigt, daß Vermittlung durchaus zum täglichen Geschäft von Verwaltungsfachleuten und Politikern gehört, und daß dieses Wissen konstruktiv einsetzbar und auch erlernbar ist.

Der Fokus auf eine besondere Rolle der Landwirte in allen Teilprojekten entspricht ebenfalls dem Modell. Uns erschien es gerechtfertigt, den Interessen der Landwirtschaft ein besonderes Gewicht in den Projekten zuzubilligen. Die Einbeziehung weiterer Interessenverbände wurde leider nicht systematisch betrieben. Denkbar wäre die Einbindung von Naturschutzverbänden, Erholungsvereinen, Zusammenschlüssen von Gaststättenbetrieben oder anderen gewesen. Erst im Nachhinein wurde allen Beteiligten die besondere Betroffenheit der Bäuerinnen bewußt. Ihre Meinungen und Anregungen hätten einen stärkeren Einfluß auf die Umsetzungsaktivitäten haben können, wenn in den Arbeitskreissitzungen Vertreterinnen präsent gewesen wären.

Die schwierige Rolle des Bauernverbandes als aktiver Gegner der Umsetzungsbemühungen wurde in Bayern öfters thematisiert. Die Aushandlung von Umweltschutzinteressen mit Vertretern des Bauernverbandes würde das Instrument der Mediation sicher auf eine harte Probe stellen. Es würde aber die Chance beinhalten, emotionale, eskalierende Konflikte auf eine sachliche Argumentationsebene zu bringen.

5.2.4 Modell der Kommunikation und Kooperation unter Mitwirkung der Bevölkerung

Beschreibung des Modells

Ein weiterer Schritt zur Öffnung des Planungsverfahrens ist die Einbeziehung von nicht organisierten Laien oder einer größeren Öffentlichkeit. Der häufig praktizierte Appell an den Bürgersinn des Einzelnen, der im Sinne des Gemeinwohls handeln soll, muß in Zukunft häufiger zu konkreten strukturierten Beteiligungsangeboten führen. Gerade Laien sind in der Lage, vielfältige Anregungen zu geben, und ihr Alltagswissen in den Planungsprozeß einzubringen. Sie sind ja auch letztlich die Adressaten der Gemeinden, wenn es darum geht, Umweltwissen in Umwelthandeln zu transformieren. Als Bürger und Steuerzahler tragen sie sowohl die Kosten für eine vorsorgeorientierte Umweltpolitik als auch die Kosten für Umweltbelastungen, also unterlassene Umweltschutzmaßnahmen, und müssen deshalb in besonderer Weise über die Ziele und Inhalte der Landschaftsplanung informiert werden. Erkenntnisse aus dem Bereich der Umweltbildung zeigen, daß die Aufforderung zur Mitwirkung an konkreten Problemen eine der wichtigsten motivierenden Rahmenbedingungen sein kann, sich fortzubilden und zu engagieren.

Die komplexen Verfahrensansprüche bei einer breiten Bürgerbeteiligung können auf ganz unterschiedliche Weise erfüllt werden. Notwendig ist
- eine faire Auswahl der Personen, die an einem solchen Verfahren teilnehmen und
- eine ehrliche Formulierung der ihnen zugestandenen Rolle im Verfahren (Inhalt und Grenze des Mandats).

Weiterhin ist eine klare Konzeption für das Verfahren nötig, bei dem die Experten in besonderer Weise um die Verständlichkeit ihrer Aussagen bemüht sein müssen, und bei dem eine adäquate Gesprächsplattform gefunden werden muß (Veranstaltungs- oder Bildungsangebot). Von den Teilnehmern wird die Bereitschaft verlangt, sich als Laie zum Thema mit unterschiedlichsten Hilfestellungen zu informieren und dazuzulernen.

Das Modell einer partizipativen Landschaftsplanung ist äußerst komplex, aber dennoch beherrschbar und organisierbar. Gerade der Umweltsektor hat zum Beispiel im Rahmen der UVP-Gesetzgebung traditionell breite Beteiligungsmöglichkeiten für jedermann vorgesehen (Blühmel 1994). Die in der Bauleitplanung vorgesehenen Verfahren der Öffentlichkeits- und Betroffenenbeteiligung greifen dagegen meist zu kurz, weil von ihnen keine motivierende und aktivierende Wirkung für Landschaftsnutzer und Bürger ausgeht. In allen Kommunalverfassungen wird zunehmend über plebiszitäre Demokratieangebote nachgedacht, und es werden mit Bürgerversammlungen und Bürgerentscheiden zunehmend Politikformen entwickelt, die die Bürger unmittelbar am Geschehen beteiligen sollen. (Knemeyer 1995). Laienorientierte Beteiligungsverfahren wurden dennoch bisher noch selten im landschaftsplanerischen Kontext eingesetzt. Hier besteht ein erheblicher Forschungs- und Erprobungsbedarf.

Im Folgenden sollen deshalb zwei Möglichkeiten, das Modell der Planungszelle nach Dienel (1992) und das Modell der Zukunftswerkstatt nach R. Jungk und Müllert (1989), erwähnt werden (vgl. Renn, Oppermann 1995). Anlaß für Dienels Konzept der Planungszelle war ein Problem der Stadtentwicklungsplanung. Das Dilemma der Auswahl von einzuladenden Betroffenen wird durch eine statistische Zufallsauswahl aus der Einwohnermeldekartei der Stadt umgangen. Dies entspricht in etwa dem Schöffenmodell in unserem Rechtssystem, in dem Laien als Richter entscheiden (Stiftung Mitarbeit 1992). Die Bürger arbeiten in Gruppen von etwa 20 bis 25 Personen zusammen an einer Problemlösung. Diese Gruppen werden als Planungszellen bezeichnet. Die Organisation und Anleitung von Planungszellen wird von didaktisch vorgebildeten Moderatoren, die eine ähnliche Rolle wie im Mediationsverfahren wahrnehmen, übernommen. Das Verfahren der Zukunftswerkstätten wurde Anfang der 70er Jahre von Robert Jungk und Norbert Müllert entwickelt. Es richtet sich in besonderer Weise an Laien und basiert auf einer workshoporientierten Arbeitsweise. Drei aufeinanderfolgende Phasen - Kritiksammlung, Phantasiephase und Verwirklichungsphase - strukturieren das von Moderatoren begleitete Vorgehen. Ziel ist die Entwicklung von weitreichenden Vorschlägen und Planungsideen, die dann in konkrete Handlungen und selbstorganisierte Projekte münden können.

In beiden Verfahren wird auf die Einhaltung wichtiger Kommunikationsregeln geachtet, die insbesondere schwächere Diskussionsteilnehmer und Laien gegenüber Fachleuten und Politikern stärken sollen. Dazu gehören zum Beispiel die Beschränkung der Redebeiträge auf kurze sachliche Diskussionsbeiträge und das Verbot von Kritik in verschiedenen Phasen, um phantasievolle und unorthodoxe Ideen zu provozieren oder diese nicht vorschnell auszuschließen.

Diese strukturierten Formen der Laienbeteiligung unterschieden sich erheblich von den Zielen und Aktivitäten klassischer Presse- und Öffentlichkeitsarbeit und dürfen nicht mit diesen verwechselt werden. Auch hier gilt, daß die unterschiedlichen Schwerpunkte sich ergänzen und im Idealfall miteinander kombiniert und verknüpft werden. Nicht verschwiegen werden soll die Tatsache, daß die Wissensvermittlung über Medien kein leichtes Arbeitsfeld ist. Die aufwendigen Bemühungen sind nicht immer von Erfolg gekrönt, die Ergebnisse häufig nicht vorherseh- oder steuerbar. Dennoch können Grundkenntnisse in Kursen und Weiterbildungsveranstaltungen erworben werden. Alleine durch das Abfassen einer kurzen Presseerklärung können zum Beispiel Namenverwechslungen und sachliche Verwirrungen vermieden werden.

Diskussion

Wichtigster Vorteil der Verfahren und der damit verbundenen Arbeitsfelder ist die Einbeziehung vielfältiger Bevölkerungsgruppen mit einem weiten Spektrum unterschiedlicher Argumente und Haltungen. Dies erfüllen die auf organisierte Interessengruppen bezogenen Verfahren nicht, dort kommen oft nur gut organisierte Bevölkerungsgruppen zu Wort, die einen selektiven Ausschnitt der Bevölkerung darstellen (z.B. hoher Anteil männlicher Lehrer mittleren Alters).

Wenn die Informationen gewissenhaft für die Adressatengruppe der Laien aufbereitet worden sind, können diese sehr schnell lernen und urteilen, besonders dann, wenn die Situation von den Laien als ernsthaft eingeschätzt wird und wenn die Experten mit ihnen direkt kommunizieren können. Die Befragung der Experten durch Bürger und die Erläuterung von Sachinformationen, z.B. auch während Exkursionen und anderen Veranstaltungen sichert die Sachgerechtigkeit der Ergebnisse.

Laien könnten im politischen Prozess mitwirken, indem sie z.B. das vorgeschlagene Leitbild des Landschaftsplans kommentieren oder aber bei der Umsetzung des Landschaftsplans, indem sie Vorschläge zur Verwirklichung der Planinhalte machen. Sowohl bei den Zukunftswerkstätten als auch in Planungszellen ist die Einbindung der Ergebnisse in die politischen Entscheidungsprozesse schwer zu lösen. Die Erkenntnisse eines Arbeitswochenendes sind für viele Bürger noch kein Anlaß, die mühevolle Arbeit stetiger Umsetzung zur Verwirklichung ihrer Ideen (sofern dies von den Behörden angeboten wird) auch auf sich zu nehmen. Die Verfahren können dennoch dazu dienen, den Politikern und der Verwaltung gezielte Hinweise zu anstehenden Problemen zu geben.

Lernfelder für Landschaftsplaner und Projektverantwortliche

Die Landschaftsplaner sind wichtige Partner bei der Formulierung von geeigneten Fragestellungen für Laien. Zusätzlich zu den schon aufgezählten Qualifikationen der Landschaftsplaner müssen
- didaktische Fähigkeiten (u.a. im Bereich der Umweltbildung),
- organisatorische Fähigkeiten zur Durchführung von Seminaren / Großveranstaltungen und
- die laiengerechte Aufbereitung von instrumentellem Wissen und von Umweltwissen

in den Verfahren vorausgesetzt werden können.

Landschaftsplaner, die eine tragende Rolle in einem laienorientierten Politikmodell übernehmen wollen, müssen sich klar darüber sein, daß sie sich auf turbulente Rahmenbedingungen einlassen. Ohne ein Planungsteam sind diese Aufgaben kaum zu bewerkstelligen. In der Dorferneuerung werden in zunehmendem Maße auch Institutionen auf dem Gebiet der Umwelt- und Planungsbildung tätig. Umfangreiches fachliches Wissen ist neben dem Wissen über mögliche Beteiligungsinstrumente, deren Anwendungsbedingungen und den möglichen Auswirkungen (Vor- und Nachteile) unabdingbar. Nicht zuletzt gehören dann auch Fähigkeiten zum Umgang mit Öffentlichkeit und Presse zu den erwarteten Kompetenzen von Planern.

Hinweise auf das Modell in den vier Fallbeispielen

In allen Verfahren wurden in unterschiedlichem Maß Versuche unternommen, die Absichten, Maßnahmen und Planungsergebnisse einer größeren Gruppe von Einwohnern oder Interessierten zugänglich zu machen. Auffällig war, daß es für Öffentlichkeitsarbeit in der Landschaftsplanung oft keine Verantwortlichen gibt. In Marchetsreut haben die Agrarberater es übernommen, hin und wieder Presseerklärungen zu lancieren. In Herbrechtingen hat die Presse zur Begriffsverwirrung nicht unwesentlich beigetragen. Die Broschüre, die für das Verfahren in Sersheim mit viel Aufwand erstellt wurde, hatte - soweit das beurteilbar ist - wenig Ressonanz. Wenige der in der Öffentlichkeit wirksamen Aktionen waren dialogisch angelegt.

In Stephanskirchen hingegen wurde der Schritt zu einer breiteren Beteiligung der Einwohnerschaft vollzogen. Im Vereinsvorstand des Landschaftspflegeverbandes Simsseemarkt e.V. sind auch Verbraucher vertreten. Der Bauernmarkt hat die Arbeit der Landwirte in das Bewußtsein der Bevölkerung vor Ort gebracht. Wichtig ist es, daß das Anliegen der Landschaftsplanung immer wieder in das Bewußtsein der Käufer gebracht wird, um so die Ziele des Landschaftsplans nachhaltig im Gespräch zu halten.

5.3 Beispiele für Erfolgskontrolluntersuchungen, Anforderungen und Erfolgsmaßstäbe für eine umsetzungsorientierte Landschaftsplanung mit der Landwirtschaft

5.3.1 Beispiele für Erfolgskontrolluntersuchungen in den Erprobungsvorhaben

Im Folgenden sollen die Ergebnisse der landschaftsplanerischen Erfolgskontrolluntersuchungen aus der Sicht der Gutachter wiedergegeben werden. In jedem Erprobungsprojekt wurde ein unterschiedlicher Ansatz praktiziert. Dieser wurde zusammen mit den örtlichen Planern aus dem Projektverlauf heraus entwickelt. Insofern bleibt es anderen Forschungsvorhaben überlassen, die in Kapitel 2 aufgeführten unterschiedlichen Erfolgskontrollansätze systematisch zu prüfen und in bezug auf

Machbarkeit und Brauchbarkeit in verschiedenen Kontexten zu vergleichen. Gemeinsame Maßstäbe für die Erfolgskontrolle sollen hier nicht formuliert werden. Festgehalten werden kann jedoch die Tatsache, daß die Untersuchungen in allen Projekten eine wichtige Funktion in der Einschätzung der zum Teil überraschenden Ergebnisse durch die unterschiedlichen Akteure hatten, und daß die Untersuchungen in erheblichem Maße zu neuem Nachdenken über einen sinnvollen Abschluß der Projekte und zur Weiterführung der Umsetzungsbemühungen beigetragen haben.

5.3.1.1 Flurbereinigungsverfahren Marchetsreut: Langfristige Sicherung der Biotopbausteine und Monitoringkonzept

Aufgabe

Um die Wirkungen der Maßnahmen in Marchetsreut nachvollziehbar darstellen zu können, sollte mithilfe eines auf fünf Jahre ausgerichteten Monitoringkonzeptes der Erfolg oder Mißerfolg der Bemühungen am Ort dokumentiert werden. Zusätzlich erhoffte man sich durch die Untersuchungen, Hinweise und Empfehlungen zur langfristigen Sicherung der Maßnahmen,
- die sich in kommunalem Besitz befanden, und
- die durch Vertragsabschlüsse mit den Bauern und durch Grundbucheintragungen gesichert werden sollten.

An der Ilz wurden Entfichtungsmaßnahmen unter der Federführung des Wasserwirtschaftsamtes durchgeführt. Diese Flächen waren nicht Bestandteil der Kontrolluntersuchungen.

Ergebnis

In der Flächenbilanz ergibt sich eine nur geringe Zunahme von Forstflächen mit Ausnahme einer Aufforstungsmaßnahme, so daß das Ziel, der Erhaltung von möglichst vielen extensiv genutzten Flächen erreicht werden konnte. Insgesamt war im Gebiet eine leichte Zunahme der Grünlandnutzung festzustellen. Die Ackernutzung wurde verlagert und auf flachere Gebiete konzentriert. Insgesamt ist auch nach der Besitzeinweisung eine dynamische Entwicklung der Landschaft und der Flächennutzung festzustellen.

Das Biotopverbundnetz ist in seinem Grundbestand durch eine Verlagerung des Eigentums in die Verantwortung der Gemeinde und durch Pflegeverträge mit den Landwirten umgesetzt worden. Die Flächen wurden z.T. eingezäunt und mit auffälligen Grenzsteinen markiert. Die Planer halten diese Maßnahmen für notwendig, da die benachbarte Intensivnutzung in der Regel bis an die Grenzen des Nachbargrundstückes erfolgt. Dadurch kann sich an den Heckenpflanzungen kein Saum bilden, so daß sogar eine räumliche Erweiterung der Zaunabgrenzung sinnvoller gewesen wäre.

Die Pflegemaßnahmen zeigen in den hängigen und bereits weniger intensiv genutzten Lagen gute Aushagerungseffekte. Dagegen scheinen einige Standorte sehr gut mit Nährstoffen versorgt zu sein, so daß kaum Aushagerungseffekte festzustellen sind. Die Schnittzeitpunkte sind nicht genügend mit dem Aufwuchs der Biomasse abgestimmt, so daß das Mähgut in den Betrieben nicht verwendet werden kann. Es wird entweder am Rand der Flächen abgelagert, oder die Auflage wird umgangen. Das starre Festhalten an einer Mahd nach dem 1.7. ist deshalb erst nach einer Phase der Aushagerung der Böden möglich. Der Landschaftsplaner macht den Vorschlag, den Bau einer Biogasanlage zu prüfen. Weiterhin sollte den Landwirten mehr Flexibilität beim Mähen der Flächen zugebilligt werden. So wird vorgeschlagen, die Mahdzeitpunkte zusammen mit einem Gebietsbetreuer vor Ort festzulegen, was allerdings einen relativ hohen Kontroll- bzw. Betreuungsaufwand erfordert. Viele Heckenstandorte und einige Flächen wurden nicht gepflegt, so daß der mehrjährige Gehölzaufwuchs in Zukunft Probleme bei der Pflege verursachen kann. Ein Grundstück wurde mit Wissen der Gemeinde in einem Jahr als Festplatz genutzt.

Durch die Flurbereinigung hat sich die Situation für Tierarten der Heckenlandschaften verbessert. Es sind jedoch auch Verschlechterungen für bestimmte Tierarten aufgetreten. Dies gilt für Teile der Tierarten, die auf Kleinstlebensräume wie Pfützen oder kleinere Wasserstellen angewiesen sind.

Bewertung und Empfehlungen

Der Landschaftsplaner schätzt die Maßnahmen des Verfahrens insgesamt als gelungen ein. Er hält eine intensive Geländebetreuung durch ein Gremium vor Ort für angemessen und notwendig, da so neben unspektakulären Kontrollfunktionen auch weitere Beratungsleistungen zur Sicherung des Biotopverbundes zur Wirkung kommen können. Mit dem Biotopkonzept konnten zwar neue großflächige Lebensräume geschaffen werden, in Zukunft besteht aber ein Bedarf für die Schaffung von kleinräumigen und temporären Kleinstlebensräumen, auch wenn diese einen "unordentlichen" Eindruck vermitteln.

Externe Landschaftsplaner sollten in die Beratung eingebunden werden. Das Monitoringkonzept könnte hierzu eine wichtige Unterstützung für die Einrichtung eines dauerhaften und gleichzeitig flexiblen Nutzungssystems darstellen. Diese Maßnahmen müssen in ähnlichen Projekten schon frühzeitig im Konzept bedacht werden, damit Beobachtungsflächen richtig plaziert werden können. Vorgeschlagen wird ein zweistufiges Konzept:

- In zwei- bis dreijährigem Rhythmus ist eine schnelle, weniger genaue Untersuchung notwendig, um deutliche Fehlentwicklungen aufzeigen zu können. Dazu reichen aber Stichprobenkontrollen für die wichtigsten Maßnahmen, die Überprüfung der Nutzungen und die Kontrolle der Flächenabgrenzungen aus.
- Detailliertere Untersuchungen, die auf die Überprüfung langfristiger Entwicklungen und eine Beurteilung der floristischen und faunistischen Erfolge abzielen, müssen dagegen sehr genau und nach wissenschaftlichen Standardmethoden durchgeführt werden. Hierzu ist ein Untersuchungsrhythmus von etwa 5-7 Jahren ausreichend.

5.3.1.2 Umsetzung des Landschaftsplans der Gemeinde Stephanskirchen: Dokumentation des Bebauungsplanverfahrens Grünordnungsplan "Westerndorfer Filze"

Aufgabe

Die Nutzungskonflikte im Gebiet Westerndorfer Filze sind erheblich. Das ehemalige Hochmoor ist durch Abtorfung, Aufforstung und Entwässerung nachhaltig verändert. Im gesamten Gebiet treten zusätzlich Belastungen durch den Bau von nicht genehmigten Wochenendhäusern und Kleingärten auf. Genehmigte Einfamilienhäuser verstärken den Druck, das Gebiet für die Bebauung zu erschließen. Im Flächennutzungsplan aus dem Jahre 1975 waren große Gebiete noch als zukünftige Baugebiete ausgewiesen. Der Prozeß der Umwidmung als erhaltungswürdiger Landschaftsausschnitt wurde im Rahmen des Landschaftsplanverfahrens 1989 vollzogen, die bereits gefällten Gemeinderatsbeschlüsse und Baugenehmigungen mußten jedoch noch Jahre später vollzogen werden und führen bis heute zu erheblichen Spannungen zwischen Grundeigentümern und Gemeinde.

Als das Erprobungs- und Entwicklungsprojekt 1992 vorläufig abgeschlossen wurde, lag der Entwurf zum Bebauungs- und Grünordnungsplan "Westerndorfer Filze" vor. Das Ergebnis aus der Beteiligung der Träger öffentlicher Belange und der Bürger sollte zeigen, ob die intensive Vorbereitung mit paralleler Umsetzung im Rahmen des formellen Bebauungsplanverfahrens zu einer größeren Akzeptanz für die Belange des Naturschutzes und der Landschaftspflege auf der Ebene der verbindlichen Bauleitplanung der Gemeinde führt.

Ergebnis

Als Entwicklungsleitbild wurde die Sicherung des bestehenden land- und forstwirtschaftlichen Nutzungsmosaiks mit unterschiedlichen Biotopen und ihrer Vernetzung im Grünordnungsplan festgesetzt. Das bedeutet, daß neben der endgültigen Einschränkung der Baurechte in den Randbereichen Maßnahmen zur extensiven Nutzung im Kernbereich mit den Landwirten und der Wasser- und Forstwirtschaft umzusetzen waren.

Die Gemeinde stimmte einer Veränderungssperre während der Planerstellung nicht zu. Sie befürchtete bereits im Vorfeld eine starke Auseinandersetzung zwischen den Wünschen der Grundeigentümer und den Zielen des Naturschutzes. Sie konnte aber im Verlauf des Bebauungsplanverfahrens weitreichende Festsetzungen zur Begrenzung der Bebauung und Erschließung für Erholungszwecke erreichen. So wurden 12 Bauanträge im Gebiet der Westerndorfer Filze, wie auch Anträge auf weiteren Wegebau, Umwandlung von Wiesen in Äcker und die Entwässerung der Feuchtwiesen abgelehnt. Bei zukünftigen baulichen Veränderungen wird grundsätzlich eine Vereinbarung zur Sicherung von Naturschutzzielen auf der Grundlage des Grünordnungsplans "Westerndorfer Filze" zwischen Gemeinde und Grundeigentümer abgeschlossen. Damit werden Ausgleichs- und Ersatzmaßnahmen konkret festgelegt.

Der sogenannte "negative Bebauungsplan", weil mit ihm gerade nicht die Bebauung, sondern die Umsetzung von Naturschutzmaßnahmen durchgesetzt werden sollte, stellt nicht nur für die Gemeinde, sondern auch für die Genehmigungsbehörden eine Innovation dar. Auswirkungen auf die Planinhalte und auf das Verfahren konnten in mehreren Sitzungen und in Anlehnung an die Planzeichenverordnung mit den zuständigen Juristen und Fachleuten aus den Verwaltungen abgeklärt werden.

Durch eine intensive Beratung der land- und forstwirtschaftlichen Betriebe zu den Förderprogrammen (Vertragsnaturschutz) konnte ein finanzieller Ausgleich für die Bearbeitungserschwernisse in den Filzen angeboten werden, was zu einer stärkeren Zustimmung zu den Zielen des Grünordnungsplans und dessen Umsetzung führte. Die Ziele und Maßnahmen in den Westerndorfer Filzen wurden in einem Pflege- und Entwicklungsplan detailliert und mit Hilfe der Agrarberatung zusammen mit den Landwirten weitgehend umgesetzt. So konnten die wertvollen Flächen in die Agrar- und Landschaftspflegeprogramme aufgenommen werden. Als besondere Maßnahmen müssen der Bau einer Tümpelkette im Zentralbereich der Filze und der naturnahe Umbau des Wäschebachs herausgestellt werden. Einige Eigentümer haben sich bereit erklärt, Tümpel anzulegen und die Streuwiesenmahd wieder durchzuführen. Der Bund Naturschutz beabsichtigt, in den nächsten Jahren die Entbuschung von 5 bis 6 alten Torfstichen mit seinen Mitgliedern durchzuführen. Ein Landwirt beabsichtigt, die zunehmend brachfallenden Flächen wieder in eine extensive Wiesennutzung zu nehmen. Die Umsetzung des Grünordnungsplanes in den Baugebieten und Kleingärten wird derzeit mit dem Landratsamt weiter abgestimmt. Dazu gehört auch die Beseitigung von ungenehmigter Bebauung.

Bewertung und Empfehlungen

Der Bearbeiter des Planes sieht in dem Verfahren eine gute Alternative zu einem naturschutzrechtlichen Verfahren, wie etwa der Ausweisung des Gebietes als geschützter Landschaftsbestandteil mit einer Verordnung, was im Fall der Westerndorfer Filze als nicht durchsetzbar angesehen wurde. Er konstatiert, daß die Gemeinde mit diesem Vorgehen ihre Verantwortungsbereitschaft für die Erhaltung von Natur und Landschaft eindrucksvoll dokumentiert habe. Er plädiert dafür, in der Gemeinde in Zukunft eher die Maßnahmen zur Landschaftsentwicklung mit der Landwirtschaft voranzutreiben, anstatt neue öffentliche Grünflächen wie Parks und Erholungsanlagen zu bauen.

5.3.1.3 Biotopverntezungskonzeption Herbrechtingen: Erfolgskontrolle Biotopvernetzungsmaßnahmen in den Vertiefungsgebieten Wangenhof und Ugenhof: Vegetationskundliche Untersuchung

Aufgabe

In dem Untersuchungsgebiet wurden folgende Maßnahmen auf ihre Effekte hinsichtlich der Entwicklung einer wiesenähnlichen Vegetation untersucht:
- Einsaatstreifen mit Selbstbegrünung oder einer "bunten Blumenmischung",
- Einsaatstreifen mit definierten Saatmischungen von Dr. Krebs,
- Ackerrandstreifen, und
- die flächige Extensivierung von Äckern.

Die Streifen sind in der Regel 4-5 Meter breit, und weisen eine unterschiedliche Neigung und Exposition auf. Faunistische Untersuchungen wurden nicht vorgenommen.

In den Wiesenstreifen wurden vegetationskundliche Aufnahmen durchgeführt. Bei den Ackerrandstreifen wurden Korrespondenzaufnahmen im angrenzenden Acker als Kontrolldaten für die Vegetationsaufnahmen in den Streifen bearbeitet. Für jede Maßnahme wurde ein Entscheidungsbaum für die Bewertung der Erfolge oder Mißerfolge entwickelt. Dabei galten als Erfolgsindiz (vereinfacht):
- für die Einsaatstreifen: Grünlandähnlichkeit und Problemwildkrautarmut als positives Zeichen,
- für die Ackerrandstreifen die Anzahl und Deckung der Kennarten des Typs Mohnäcker (Caucalidion).

Ergebnis

Die Randstreifen wiesen nicht mehr überall die vereinbarte Breite von 6 m auf. Die Gutachterin schlägt ebenso wie bei den häufig nicht eingehaltenen Mahdzeitpunkten gestaffelte Sanktionsmaßnahmen vor. Gleichzeitg konzidert sie aber, daß in den Flächen hohe Nachlieferungsraten von Stickstoff und Nährstoffen festzustellen seien, die ebenso wie die geringe Streifenbreite zu einer Artenverarmung führte. Für die Neuanlage von Streifen sollte deshalb für 1-2 Jahre Lein als Phosphatzehrer angebaut werden. Die Erfolge einer definierten Saatmischung haben sich in Herbrechtingen deutlich erwiesen. Im Gegensatz zu den Einsaaten mit im Handel üblichen "bunten Blumenmischungen" ergibt sich eine deutlich geringere Problemwildkräuteranfälligkeit der Streifen mit der Saatmischung nach Dr. Krebs.

Die Ackerrandstreifen weisen eine höhere Artenzahl auf als die angrenzenden Äcker, wobei es sich auch hier um verbreitete Arten handelt. Nur in wenigen Bereichen treten die Arten der Mohnäcker in den Randstreifen deutlicher hervor.

Bewertung und Empfehlungen

Empfohlen wird, zukünftig bei der Verwirklichung von Randstreifen mehr auf die Exposition und Neigung des Geländes zu achten, da auf diese Weise Eutrophierungseffekte verringert und bestimmte Arten des Verbandes Caucalidion gefördert werden können.

5.3.1.4 Flurbereinigungsverfahren Sersheim: Untersuchungen zu Flora und Fauna

Aufgabe

Die Abschätzung der Wirkungen der Flurbereinigung waren in Sersheim äußerst umstritten. Deshalb wurden schon 1991 sehr umfangreiche vegetationskundliche und zoologische Untersuchungen durchgeführt. Der damalige Aufwand diente also nicht nur der Ableitung von Maßnahmen als Planungsinput, sondern auch der Dokumentation der Landschaftsentwicklung und der Verifizierung bzw. Falsifizierung vorläufiger Thesen durch einen Vergleich der Verhältnisse vor und nach der Besitzeinweisung. In Sersheim stellte sich die Frage, ob und wenn ja, wie nachhaltig eine Ackerbaulandschaft durch den Umbau (vollkommene Zerstörung alter Graswege und Neuaufbau von Gras-Krautstreifen) in ihren Funktionen für Flora und Fauna gestärkt werden kann. Das aufwendige Konzept der Erfolgskontrolle konnte nicht das ganze Gemeindegebiet umfassen, so wurden Schwerpunkte im Vaihinger Feld und im Gebiet des Haslacher Feldes gesetzt. Beide Landschaftsausschnitte waren schon vor der Flurbereinigung intensiv genutzte Ackerbaulandschaften. Die Ergebnisse beziehen sich auf den gewählten Untersuchungsraum, nicht auf einzelne Maßnahmenflächen, da es nur 2 Flächen gibt, die 1991 und 1995 identisch waren.

Ergebnisse Flora

Im Bereich Flora ist eine hohe Präsenz der ausgesäten Arten festzustellen. Der Gesamteindruck der Streifen war positiv. Sie werden von den Landwirten gepflegt und weisen bis auf einige Flächen mit Selbstbegrünung keine Problemunkräuter auf. In einem Fall konnten sich Arten der Randstreifen in der Ackerfläche halten. Die Ansaatmischung von Dr. Krebs hat sich bewährt. Allerdings ist die Artenzusammensetzung noch stark von der vorhergehenden ackerbaulichen Nutzung oder von den eingebrachten Arten geprägt. Eine Stabilisierung als Grünlandstreifen wird noch einige Jahre benötigen. Auf der anderen Seite können auch Störungen festgestellt werden und es kann in einigen Fällen die Manipulation des Saatgutes vermutet werden. Besondere Arten waren nicht festzustellen.

Ergebnisse Fauna

Die zoologischen Untersuchungen bezogen sich auf die Erfassung von Brutvögeln, Heuschrecken und Schmetterlingen. Es konnten 7 gegenüber 5 Brutvogelarten vor der Besitzeinweisung nachgewiesen werden. Bei Kiebitz, Rebhuhn und Schafstelze kam es zu einer Erhöhung des Brutbestandes. Die Ergebnisse zeigen eine durchwegs positive Bestandsentwicklung der Arten, die in einigen Fällen, wie zum Beispiel beim Kiebitz auch auf witterungsbedingte Gründe zurückgeführt werden könnte. In anderen Fällen, wie zum Beispiel beim Rebhuhn wird sie vom Kartierer mit den Maßnahmen im Vaihinger Feld ursächlich in Zusammenhang gebracht. Insofern sind die Maßnahmen im Vaihinger Feld besonders positiv zu werten. Im Haslacher Feld hat sich die Situation nicht verschlechtert.

Bei der Kartierung der Heuschreckenfauna konnte im Gebiet Vaihinger Feld ebenfalls eine Verbesserung festgestellt werden: Die Artenzahl nimmt von 8 auf 11 zu, 8 Arten kommen häufiger vor als früher, bei 2 Arten war eine Abnahme, bei einer Art keine Veränderung festzustellen. Besonders bemerkenswert ist die Neubesiedlung der Wegrandstreifen durch den bedrohten und anspruchsvollen Wiesengrashüpfer. Im Bereich Haslacher Feld / Hummelberg hat sich die Heuschreckenfauna nicht verändert.

Die Anzahl der Tagfalter hat sich im Bereich Haslacher Feld Hummelberg von 17 auf 19 Arten erhöht. Auch hier war das Ergebnis im Vaihinger Feld mit 26 Tagfalterarten im Gegensatz zu früher 18 Arten deutlich besser. Einige bedrohte Arten sind zum Artenspektrum dazugekommen. Die Bestandszahlen haben deutlich zugenommen.

Bewertung und Empfehlungen

Der Gutachter hatte vermutet, daß die Bestandszahlen sich nach der Besitzeinweisung durch die Vergrößerung der Schläge und die Abnahme von Randstrukturen verringern würden. Diese Prognose hat sich im Vaihinger Feld nicht bestätigt. Hier haben sich die Verhältnisse durch die Anlage von Wiesenstreifen und Extensivierungsmaßnahmen sogar eher verbessert. Der Gutachter weist darauf hin, daß insbesondere mesophile Arten zugenommen haben. Dies seien Arten, die von dem reichen Blütenangebot der Streifen profitieren können.

5.3.2 Anforderungen und Erfolgskontrollmaßstäbe für eine umsetzungsorientierte Landschaftsplanung

Planungsverfahren als Problemlösungs- und Kooperationsinstrumente für die Umsetzung von Landschaftsplänen

Je mehr landschaftsplanerische Ziele in andere Fachressorts Eingang finden, und somit umweltschonende Nutzungsmodelle unterstützen, desto mehr stellt sich für bestimmte fokussierbare Teilproblematiken die Frage, ob die Planungsinstrumente des Agrarsektors wie Biotopvernetzungskonzeptionen, Agrarstrukturelle Vorplanung, Flurbereinigung oder Dorferneuerung nicht eine sinnvolle Alternative zur Landschaftsplanung darstellen? Die Landschaftspläne bieten jedoch die besondere Möglichkeit, im Vorfeld der Kontroversen um ein umweltschonendes Intensitätsniveau der Landschaftsnutzung geeignete Maßstäbe für die Umsetzungsbemühungen aufzustellen. Sind die Ziele klar und von verschiedenen Seiten akzeptiert, können ganz unterschiedliche Wege zu ihrer Verwirklichung gegangen werden. Die Überlegung in den Landschaftplan ein Kapitel zu den agrarökologischen Zielen einer Gemeinde aufzunehmen und damit Agrarberater als Teilgutachter frühzeitig in das Verfahren einzubinden kann zur Vorbereitung der Umsetzungsphase hilfreich sein.

Das Flurbereinigungsgesetz bietet mit der Bodenordnung ein fachübergreifendes Instrument an, bei dem in die Gestaltung der Landeskultur heute mehr und mehr auch explizit Belange des Natur- und Landschaftsschutzes eingebracht werden können und müssen (Gassner 1995, S. 60). Die Biotopvernetzungsplanung wird als fachliches Gutachten zur Sicherung von Zielen des Arten- und Biotopschutzes eingesetzt. Indirekt ist diese teilökologische Planungsaufgabe auch in den Verfahren der Flurbereinigung und der Landschaftsplanung enthalten. In Baden-Württemberg ist die Biotopvernetzungsplanung in der Verantwortung der Gemeinden mit dem Programm der Landschaftspflegerichtlinie verknüpft.

Die agrarischen Pläne können die umfassenden Anforderungen der Landschaftsplanung nicht alleine erfüllen. Sie beziehen sich auf Teilfragestellungen, die aber in bezug auf ihre wichtige Funktion im Umsetzungsprozeß bisher in der Landschaftsplanung zu wenig beachtet wurden. Deshalb sollten diese Instrumentarien in Zukunft besser in die kommunale Landschaftsplanung eingebunden werden. Als wichtiges Ergebnis kann festgehalten werden, daß sich die Planungsverfahren meist nicht in einem konkurrierenden Verhältnis zueinander befinden. Sofern die Akteure vor Ort es verstehen, die Inhalte, die Reichweite, die Ansprache spezieller Zielgruppen mit den jeweiligen Stärken und Schwächen in ihr übergeordnetes Vorgehen zu integrieren, können die Verfahren sinnvoll miteinander kombiniert werden. Besondere Aufmerksamkeit ist dann aber der verständlichen Vermittlung dieses komplexen Vorgehens gegenüber Gemeinderäten, der Presse und der Öffentlichkeit aufzuwenden. Alle "grünen" Planungsinstrumente werden oft miteinander verwechselt, was zu Schwierigkeiten, Mißverständnissen und neuen Konflikten führen kann. Durch die häufigen Personalwechsel, die in allen Projekten beobachtbar waren, bietet es sich an, Projektergebnisse in zeitlichen Abständen, zusammenfassend zu dokumentieren und diese Dokumentation gut lesbar und laienverständlich aufzubereiten, so daß immer wieder schnell an den letzten Stand der Dinge angeknüpft werden kann. Hier ist die Gemeinde Stephanskirchen ein besonders positives Beispiel.

Folgende Typen von Konflikten müssen im Rahmen einer umsetzungsorientierten Landschaftsplanung in Kooperation mit dem Agrarressort identifiziert und gelöst werden können:

- Wer kommt zukünftig in den Genuß besonderer Ausgleichsleistungen für ökologische Leistungen? Die bessere Allokation von Fördermitteln sollte durch landschaftsökologisch-räumliche Kriterien der Mittelvergabe erfolgen. Die Ausweisung von Schutzgebieten muß aus der Sicht der Landwirte somit nicht immer den Charakter einer "Negativeinrichtung" haben (z.B. EU-5b-Gebiete). Wenn eine Gemeinde diese Förderinstrumente durch ein kommunales Programm ergänzen will, kann die Umsetzung des Landschaftsplans damit nachhaltig gefördert werden.

- Wie können Betriebsumstellungen gefördert werden, und wo sind belastende Betriebsweisen auszuschließen? Die Vermittlung moderner betriebsökonomischer Kenntnisse und die Folgenbewertung gemeinsam mit der bäuerlichen Familie wird in Zukunft verstärkt in die Planung einzubeziehen sein. Der eingeschlagene Weg der agrarischen Beratung kann dann als ökologische Maßnahme gelten, wenn förderliche Rahmenbedingungen für ökologische Betriebsweisen bestehen. Dann sind höhere Produktpreise und die Einbeziehung der Verbraucher sinnvoll. Ist dies nicht der Fall, besteht die Gefahr einer Optimierung von umweltbelastenden Betriebsstrategien.

- Wie werden Auflagen für Grundeigentümer und Landschaftsnutzer begründet und umgesetzt? Die Landwirte müssen sich die Ziele des Landschaftsplans zu eigen machen und die Umsetzung in die eigene Hand nehmen. Dazu müssen Wege aufgezeigt werden, die diese Vorgehensweise für die Landwirte attraktiv machen. Daß dies nicht auf Befehl von oben geschieht, sondern daß hier zielgruppenorientierte Beratung und Aufklärung notwendig sind, liegt auf der Hand.

- Wie kann die Ausweisung landwirtschaftlicher Nutzfläche als Bauland reduziert werden? Hier treten meist verdeckte Konfliktlagen auf, weil die offene Einforderung der Wertsteigerung eines Grundstücks nicht opportun ist. Ein fachlich fundierter Plan hilft, die Abgrenzung von Baugebieten und nicht bebaubaren Flächen im Sinne des Gemeinwohls zu begründen.

- Welche intra- und interkommunalen Konfliktlagen sind durch ein abgestimmtes Vorgehen unter Nachbarn zu lösen? Welche Planungsverfahren sind angemessen? Ökosystemare Wirkungen, z.B. die Vernetzungen des Gewässersystems können Konfliktlösungen über die unmittelbaren Verantwortungsgrenzen von Eigentümern oder Gebietskörperschaften hinaus notwendig machen.

Angemessene Problemlösung als Erfolgsmaßstab für die Landschaftsplanung

In dem Erprobungs- und Entwicklungsprojekt wurden hauptsächlich Fragen im Bereich der agrarischen Nutzung aufgegriffen. Dies ist aber nur ein Teilbereich der Landschaftsplanung. Daneben sind die ökologischen Belange der Bauleitplanung oder andere Felder der örtlichen Umweltpolitik, wie zum Beispiel Wasserschutz, Erholungsvorsorge, Verkehrsentwicklung oder Forstwirtschaft genauso anzusprechen. In Abbildung 17 werden verschiedene Beteiligungsverfahren als Mittel zur Umsetzung der Landschaftsplanung diskutiert (Renn, Oppermann 1995).

Welche Modelle zur Anwendung kommen, sollte von der Problemlage vor Ort abhängig gemacht werden. In Ballungsräumen werden andere Instrumente und Verhandlungsverfahren zum Einsatz kommen als in Ländlichen Räumen. Das Argument der Sachgerechtigkeit und der Effektivität von Planung und Umsetzung spielt traditionell eine wichtige Rolle. Wenn es nicht gelingt, Umweltwissen als Voraussetzung für gute Verhandlungs- und Umsetzungsergebnisse zu vermitteln, besteht die Gefahr, daß alle Akteure zwar zufrieden mit den Lösungen sind, daß aber im Umwelt- und Naturschutz letztlich keine Verbesserungen erzielt werden. Deshalb stellen Erfolgskontroll- und Langfristuntersuchungen einen zunehmend wichtigeren Planungsfaktor dar. Unter den heutigen Rahmenbedingungen hat auch die Effizienz der Problemlösung einen wichtigeren Stellenwert. Dabei geht es nicht um den ganzen Aufwand an Zeit, Engagement und Geld, der für die Umsetzung und eine Einigung unter den Akteuren aufgewendet werden muß. Der Frage des problemangemessenen Detailierungsgrades der Planung wird in Zukunft sicher mehr Beachtung zukommen. Planungsökonomische Überlegungen werden in Zukunft eine wichtige Rolle spielen.

Als ein weiteres Erfolgskriterium gilt die Eignung eines Verfahrens, alle Interessierten oder Betroffenen an der Lösung von Problemen mitwirken zu lassen bzw. sie für Umsetzungsaktivitäten zu motivieren. Projektträger sind in vielen Fällen auf die Mitwirkung der Verbände und der Bevölkerung angewiesen, so daß Aufwand in die Motivierung potentieller Unterstützer der Verfahren investiert werden muß. In der Landschaftsplanung sind die Grundeigentümer und Flächennutzer z.B. in besonderer Weise anzusprechen. Dies bedeutet nicht, daß ihre Belange uneingeschränkt zur Geltung kommen müssen. Dennoch können Auflagen besser akzeptiert werden, wenn zuvor eine faire Debatte über die Gründe für Nutzungsbeschränkungen und -auflagen geführt wurde. Nach Knemeyer ist die aktive Information der Einwohnerschaft oder der Öffentlichkeit die wichtigste Voraussetzung dafür, überhaupt ins Gespräch miteinander zu kommen (Knemayer 1996).

Als ein weiterer Erfolgsmaßstab sollte die Stabilität oder Ergebnisse nicht aus den Augen verloren werden. Dieser Faktor ist erst nach Abschluß eines Verfahrens oder eines Projektes wirklich beurteilbar. In der Bauleitplanung geht es dabei häufig um die Regelung von Eigentums- und Nutzungsrechten, die auch in gerichtlichtlichen Auseinandersetzungen Bestand haben müssen. Wenn eine Gemeinde einen Bauantrag ablehnen will, muß sie sich auch weiterhin auf formal gültige Pläne stützen können.

Auf das Instrument der Landschaftsplanung kann gerade in einer Zeit, in der Nachhaltigkeit als gesamtgesellschaftliches Ziel in aller Munde ist, nicht verzichtet werden. Notwendig ist die Stärkung und Förderung dieses Planungs- und Politikinstrumentes. Damit Landschaftspläne aber auch Auswirkungen haben, und Effekte zeigen, sind die Umsetzungsbemühungen in Form kommunikativer und kooperativer Planungselemente zu verstärken. In diesem Bericht stand das Verhältnis von Naturschutz und Landwirtschaft im Zentrum der Betrachtungen, die Ziele und Maßnahmen der Landschaftsplanung gehen in der Regel über dieses Problemfeld hinaus.

	Runder Tisch	moderierter Arbeitskreis	Mediation	Zukunftswerkstatt	Planungszelle
Ziele und Mittel	sachorientierte Diskussion in schwierig zu legitimierenden Situationen, möglichst breites gesellschaftliches Spektrum an Gruppen, Geschäftsordnung zur Vermeidung von Profilierung	sachorientierte Diskussion, Bündelung von Verantwortlichkeiten und Kompetenzen, Effektivierung von Verwaltungshandeln, Beteiligung von Interessengruppen, Federführung liegt oft bei Behörde oder Institution	Rationaler Diskurs zur Entscheidungsvorbereitung mit Interessen- und Betroffenengruppen und einem neutralen Vermittler, Schlichtung von Interessenkonflikten, weitreichende Kommunikations- und Verhaltensregeln	Workshop zur Erzeugung planerischer Kreativität, Phantasie (Kritik, Phantasie, Realisierungsbedingungen), Gruppen und Kleingruppenarbeit, Kommunikationsregeln (ähnlich Brainstormingmethode)	Erarbeitung einer Bürgerempfehlung zur Entscheidungsvorbereitung oder Planungskontrolle, Gruppen- und Kleingruppenarbeit, fachliche Beratung, Moderation, Zufallsauswahl, Teilvergütung (vgl. Schöffen)
Einsatzmöglichkeiten und Beschränkungen	in Sackgassensituationen, medienwirksam, ...starke Orientierung an organisierten Interessen, Eskalationsgefahr durch emotionale Betroffenheit	bei komplexen Problemlagen ...häufig geringe Bereitschaft zu echter Beteiligung ...Gefahr des "Klüngelns"	in besonders emotionalisierten Konflikten (z.B. mit Risiken) ...hohe Anforderung an Moderation, geringe Breitenwirkung, politischer Druck verpönt	starke Motivationskraft, innovative unorthodoxe Ideen...Projektkonzeption ohne Umsetzungsoption, geringe Breitenwirkung, keine direkte "Betroffenheit"	heterogene und vielfältige Teilnehmerstruktur, kein Interessendurchgriff... ...geringe Breitenwirkung, schwierige Motivation
Einbau in das Umweltplanungssystem	in Katastrophenfällen und Situationen mit besonderem Handlungsdruck, Umweltskandale	bei Problemlagen mit zersplitterten Kompetenzen, informelle Ergänzung zu formellen Verfahren, Pilotverfahren	bei Interessenkonflikten mit Verhärtung- und Eskalationsmöglichkeit (Standortsuche von Negativeinrichtungen),	ergänzende Meinungsforschung, Kontrolle von Leitbildern in Politik und Verwaltung, Entscheidungsvorbereitung, Technikfolgenabschätzung	
Bezüge zur Landschaftsplanung und Freiraumgestaltung, Beispiele	Hochwasser, Smogsituationen, dioxinverseuchte Kinderspielplätze, dramatische Verschlechterung von Umweltqualität z.B. Waldsterben, Wassernotstand in Hessen 1993	Umsetzung von Plänen, Einrichtung von Schutzgebieten, Sanierung von Belastungsgebieten	Standortsuche und UVP von Abfallbehandlungsanlagen, Deponien, Kraftwerken, Gewerbegebieten; kritische Politikbereiche (Agrarpolitik); kritische Gebiete (Ballungsräume oder Mittelgebirge)	Entwurf konkreter Leitbilder, Gestaltungsorientierte Stadt- und Freiraumentwicklung	ökologische Kommunal- und Regionalplanung, Politikbereiche mit starken lobbyistischen Einflüssen: Verkehrskonzepte, Abfallvermeidung
Rolle von Landschaftsplanerinnen und -planern	• externe Experten • Teilnehmer (Anwälte für Interessen ohne Lobby)	• externe Experten • Teilnehmer (Anwälte) • Moderatoren	• externe Experten, • Teilnehmer (Anwälte) • Mediatoren	• externe Experten • Umweltpädagogen • Moderatoren	• externe Experten • Umweltpädagogen • Moderatoren
Kombination mit anderen Aktivitäten in der Planung	Presse- und Öffentlichkeitsarbeit, Aufklärung über Ursachen von Katastrophen, Kombination mit langfristigen vorsorgeorientierten Planungsinstrumenten	Presse- und Öffentlichkeitsarbeit, Kombination mit langfristigen vorsorgeorientierten Planungsinstrumenten	Presse- und Öffentlichkeitsarbeit, Ausgleichs- und Ersatzmaßnahmen, betriebliche Kontrollmaßnahmen in Kooperation mit Interessengruppen	Presse- und Öffentlichkeitsarbeit, Initiierung und Projektumsetzung von Vorhaben mit experimentellem Charakter	Presse-, Öffentlichkeits- und Aufklärungsarbeit, verstärkte Bemühung unter Beachtung der Bürgermeinung in den Verwaltungen

Abb. 17: Beteiligungsverfahren im Vergleich, Anwendung im Kontext der Landschaftsplanung und Freiraumgestaltung: Der Begriff "Runder Tisch" wurde in der politischen Umbruchsphase in Polen und der ehemaligen DDR als neue Politkform geprägt, heute ist es eher ein Sammelbegriff für kooperative Verfahrenstypen
Quelle: verändert nach Renn, Oppermann 1995, S. 275)

6 Folgerungen für eine umsetzungsorientierte Landschaftsplanung (Oppermann)[7]

6.1 Förderliche Rahmenbedingungen für lokales Umwelthandeln

6.1.1 Konzept einer differenzierten Agrarumweltpolitik

Die EU-Agrarpolitik sollte stärker an einer differenzierten Agrarumweltpolitik orientiert werden, wie dies in Abbildung 18 in 3 Stufen aufgezeigt ist. Während Stufe 1 flächendeckend ohne Ausgleichsleistungen für die Landwirte umzusetzen ist, ist für die Stufe 2 ein größerer Flächenanteil der landwirtschaftlichen Nutzflächen und ein finanzieller Ausgleich für die durch die Maßnahmen betroffenen Landwirte vorzusehen. Dies entspricht einer generellen Forderung nach einer Reduzierung der Ressourcenbelastung bzw. nach der Sicherung ressourcenschonender Bewirtschaftungsweisen. Innerhalb bestimmter Regionen wird das in Stufe 2 erreichbare Niveau an Ressourcenschutz jedoch nicht für ausreichend erachtet. In Stufe 3 sollten daher kleinräumige Konzepte vor allem für den biotischen und ästhetischen Ressourcenschutz entwickelt werden, die durch gezielte Honorierung umgesetzt werden. Die Förderung der Stufe 3 auf regionaler und lokaler Ebene wäre ein wichtiger Schritt zur Förderung ähnlicher Vorhaben wie Marchetsreut oder Stephanskirchen. Die Ausrichtung der Maßnahmen auf fachlich abgeleitete Ziele kann durch die Umsetzung von Landschaftsplänen erfolgen (Heißenhuber, Köbler, Reitmayr 1996).

Stufe 3: Regionale Maßnahmen zum Ressourcenschutz und zur Entwicklung des ländlichen Raumes
- ➤ Strukturelemente (Hecken und Randstreifen mit Pflege)
- ➤ gebietspezifische Fruchtfolge, ökologisch gezielte Flächenstillegung
- ➤ Marketingkonzepte
- ➤ Aufbau einer Freizeitinfrastruktur
- ➤ Projekte zur Entwicklung des ländlichen Raumes
- ⇨ Finanzierung mit kommunaler Eigenbeteiligung

Stufe 2: Erhöhte Anforderungen an den Ressourcenschutz
- ➤ Beschränkung des Düngemitteleinsatzes
- ➤ Verzicht auf Pflanzenschutzmittel
- ➤ Reduzierung des Viehbesatzes
- ⇨ Finanzierung durch EU- und Landesmittel

Stufe 1: "Gute fachliche Praxis" (flächendeckend)
- ➤ Düngung nach Entzug plus standortbezogener Zuschlag (Stickstoffbilanz)
- ➤ Maßnahmen gegen Bodenerosion
- ➤ Anwendung ressourcenschonender Produktionstechniken
- ➤ Standortangepaßte Nutzung
- ➤ Beratungskonzepte   ➤ Pilotvorhaben   ➤ Anpassungshilfen
- ⇨ vom Landwirt unentgeltlich zu erbringen (Anwendung des Verursacherprinzips)

Abb. 18: Konzept einer differenzierten Agrarumweltpolitik (verändert nach Heißenhuber 1995)

---

[7] vgl. auch die Thesen und Forderungen des Endberichts von Kaule et al. 1994, S. 125 - S. 137

6.1.2 Förderung betrieblicher, lokaler, regionaler und überregionaler Kooperation als Basis für eine umsetzungsorientierte Landschaftsplanung

Der Querschnittscharakter der Landschaftsplanung beinhaltet auch die Notwendigkeit, und daraus resultierend die praktische Forderung, über Fachressortgrenzen hinaus zu kommunizieren und zu kooperieren. Dies konnte am Beispiel der agrarischen Nutzung in dem Erprobungs- und Entwicklungsprojekt deutlich herausgearbeitet werden.

Je nach Sach- und Problemlage, ist neben der Kooperation zwischen Verwaltungen auch eine Kooperation unter den Gebietsköperschaften und unter den Betrieben anzustreben. Die Förderung der Zusammenarbeit ist ein wichtiger Baustein zur Aktivierung potentieller Interessenvertreter und Motivierung von Kooperationspartnern oder Förderern. Gemeinsame Ziele und Maßnahmen können im Rahmen von kommunalen Landschaftsplänen oder regionalen Landschaftsrahmenplänen wichtige "wegweisende" Funktionen erfüllen. Staatliche Hilfen sollten Zusammenschlüsse fördern und an die Vorlage gemeinsamer verbindlicher Ziele zur Landschaftsentwicklung geknüpft werden (Landschaftspläne u.ä.). Diese Pläne können sich auch auf größere und politische Grenzen überschreitende Landschaftseinheiten beziehen, die aufgrund landschaftsökologischer Erfordernisse einheitliche Maßnahmenkonzepte nahelegen. Sie garantieren, daß Maßnahmen und Aktivitäten auch wirklich einem vorsorgeorientierten Umwelt- und Naturschutz dienen. Regionale Institutionen, interkommunale Zweckverbände, Landschaftspflegeverbände, Geschäftsstellen von 5b-Gebieten oder Biosphärenreservaten, Geschäftsstellen von betrieblichen Zusammenschlüssen und Vermarktungsorganisationen, die mit ökologisch verträglich produzierten Lebensmitteln werben, sollten verstärkt in den Prozeß der Aufstellung und der Umsetzung von Landschaftsplänen eingebunden werden.

Dennoch kann Kooperation nicht erzwungen oder verordnet werden. Für die Lebendigkeit, den Zusammenhalt und die Stabilität von lockeren Zusammenschlüssen sind Betreuungskapazitäten vorzusehen (vgl. Punkt 6.3.2). Die Unterstützung in Form einer aktivierenden und motivierenden Beratung kann den Effekt einer verstärkten Selbststeuerung auslösen, so daß auf längere Sicht auch die öffentlichen Haushalte finanziell entlastet werden (Stichwort: Hilfe zur Selbsthilfe). Die Kommunen oder staatlich geförderte Naturschutz- und der Landschaftspflegeinstitutionen sollten verstärkt als Partner zur Initiierung und Betreuung von Projekten für eine ökologische Landnutzung gewonnen werden.

6.1.3 Kommunale Initiativen zur Unterstützung der lokalen Landwirtschaft

Die Kommunen werden im Rahmen ihrer Planungshoheit und ihrer Zuständigkeit für die Landschaftspläne verstärkt in die Probleme des Wandels der Agrarstruktur einbezogen. Sie werden von allen Akteuren darin bestärkt, auch agrarstrukturelle Pläne und Verträge zur Landschaftsnutzung zwischen Landwirten und Staat langfristig, intensiv und im Sinne des Allgemeinwohls mit zu betreuen. Dazu kommt, daß die Zusammenarbeit unter den Betrieben vor Ort gefördert werden muß, um Effizienzgewinne zu erzielen.

Diese Aufgaben sollten verstärkt an den Entwicklungsvorstellungen und dem Leitbild des Landschaftsplans ausgerichtet werden. Das setzt aber voraus, daß die Gemeinden den Landschaftsplan nicht nur als Pflichtübung bei der Aufstellung von Bauleitplänen begreifen. Das Zugehen auf Betriebe oder andere Landschaftsnutzer trägt im Außenraum in erheblichem Maß zur Umsetzung der kommunalen Planungsvorstellungen bei. Angesichts der Finanzknappheit besteht allerdings die Gefahr, daß einzelne Programme, auf die man sich eingestellt hat, und mit denen sowohl die Gemeinden als auch die Landwirte rechnen, wieder abgesetzt werden. Dies hätte fatale Auswirkungen auf die Glaubwürdigkeit der vor Ort agierenden Umsetzer und Berater. Die Förderung von Vermarktungsinitiativen kann ebenfalls im Interesse der Kommunen liegen, die auf diese Weise eine indirekte Stärkung bestimmter Gewerbezweige z.B. Fremdenverkehr, Gastgewerbe oder Tourismus verfolgen können. Wenn der Anschub gelingt, und die privaten Ansprechpartner für sich einen Nutzen erkennen, kann die Verantwortung an Verbände und Initiativen weitergegeben werden. Dies konnte in Stephanskirchen zum Beispiel erreicht werden. Ob solche Initiativen dauerhaft tragfähig sind, muß sich erst noch zeigen und soll weiteren Forschungsprojekten zur Bewertung überlassen bleiben.

Auch auf kommunaler Ebene sollten Förderprogramme für die Landwirtschaft an Umweltleistungen gebunden sein. Durch die sich dynamisch verändernden Agrarbedingungen sollte großer Wert auf die Argumentation und Begründung für die Hilfen gelegt werden. Um nicht an einmalig fixierte Summen gebunden zu sein, ist für die Ableitung der Förderhöhe eine transparente Berechnung durchzuführen. Aktivierungs- und Motivationsprämien für Pilotversuche sind darin durchaus eingeschlossen, sollten aber nicht als Dauereinrichtung verstanden werden.

6.1.4 Fazit: Verstärkung des Push- and-Pull-Prinzips in den Rahmenbedingungen

Die herrschenden Rahmenbedingungen schränken den Handlungsspielraum für die Regionen und Kommunen in erheblichem Maße ein. Deshalb müssen alle gesetzlichen Maßnahmen die Rahmenbedingungen so ausrichten, daß umweltschonende Produktionsweisen initiiert und belohnt werden (Pull). Gleichzeitig sind alle gesetzlichen Regelungen zu unterlassen, die umweltbelastende Pfade der Produktion weiterhin attraktiv machen (Push). Ansatzpunkte für die Umgestaltung der Rahmenbedingungen sind gesetzliche Initiativen, eine konsistente Ausgestaltung der EU-Agrarprogramme, der Strukturförderprogramme der EU und der Gemeinschaftsaufgabe Agrarstruktur und Küstenschutz und die Besteuerung von umweltbelastenden Betriebsmitteln.

In einigen Bereichen des praktischen Natur- und Umweltschutzes wirkt sich die Sonderstellung der Land- und Forstwirtschaft immer noch kontraproduktiv aus (Landwirtschaftsklauseln). Die agrarischen Förderprogramme sollten im Rahmen einer Gesamtschau unbedingt einer Überprüfung ihrer Umweltverträglichkeit unterzogen werden. Im Hinblick auf die Ziele des Ressourcenschutzes muß die Gewährung der Silomais- alternativ zur Bullenprämie sowie die Förderung der Aufforstung kritisch betrachtet werden. Erstere führt zu einer erheblichen Begünstigung des Anbaus von Silomais im Vergleich zu anderen Ackerfrüchten wie z. B. Kleegras. Die Aufforstungsprämie wirkt vor allem auf ertragsschwächeren Standorten negativ, weil schützenswerte Flächen tendenziell eher aufgeforstet werden. Hierbei spielt auch die Langfrisitigkeit der Prämie (z. B. 600 DM/ha Ackerland für 20 Jahre bis 35 Bodenpunkte) eine wichtige Rolle für die Landwirte (Heißenhuber, Köbler, Reitmayr 1996, vgl. Ammer, Volz 1996).

6. 2 Stärkung der flächendeckenden kommunalen Landschaftsplanung als Voraussetzung für die Bündelung von Umsetzungsaktivitäten

6.2.1 Kommune als zentraler Akteur der Landschaftsplanung

In den vier Teilprojekten hat sich die zentrale Funktion der Kommunen als Motor oder Katalysator für die Umsetzung bestätigt. Bevor Vermarktungsinitiativen und Umweltschutzaktionen ins Leben gerufen werden, sollten diese auf ihre Konformität mit dem Entwicklungsleitbild der Kommune hin geprüft werden. Gerade wenn Planung und Umsetzung in Zukunft stärker ineinander greifen sollen, kann nicht der zweite vor dem ersten Schritt erfolgen. Deshalb sollten in jeder Kommune Leitbilder zur Entwicklung von Natur und Landschaft (sprich Landschaftspläne) erstellt werden. In der Kommune laufen die vielfältigen Informationen und Entwicklungsvorstellungen von Behörden und Privaten zusammen. Ihr Abgleich sollte im allgemeinen Interesse und unter ökologischen Gesichtspunkten erfolgen. Staatliche Stellen, z.B. die Landwirtschaftsämter, Naturschutz- bzw. Wasserbehörden oder temporäre Institutionen, wie z.B. die Teilnehmergemeinschaften der Flurbereinigungsprojekte spielen eine sehr wichtige Funktion als Partner der Gemeinden. Umgekehrt gilt ebenso, daß diese staatlichen Verwaltungen und Institutionen auf die aktive Mitwirkung der Gemeinden angewiesen sind.

Zu Beginn eines Projektes oder Verfahrens, z.B. wenn Pilotprojekte initiiert und staatliche Gelder beantragt werden sollen, ist die Problemwahrnehmung der Gemeinde von besonderer Bedeutung. Landschaftspläne haben mit der Festsetzung von Leitbildern und Zielen eine wichtige Funktion als Grundlage für die Zusammenführung von Ideen, Interessen und Aktivitäten, und bieten die Chance des gezielten Einsatzes von Fördermitteln (vgl. Kap. 6.1.4). Planungshoheit ist also kein passives Recht, sondern eine Verpflichtung zu aktivem Planen und Handeln, während und nach der Aufstellung und Umsetzung von Plänen. In dem Erprobungs- und Entwicklungsprojekt konnten einige Planungsverfahren in einem späten Planungsstadium beobachtet werden. Die Maßnahmen zur Nachbesserung fortgeschrittener Planungsverfahren waren sehr erfolgreich. Weiterhin war festzustellen, daß die Beendigung eines konkreten Vorhabens oder Projektes immer das Problem der langfristigen Sicherung der Ergebnisse aufwirft. In der Nach- oder Übergangsphase von Projekten muß die Verantwortung der Gemeinden für ihr Planungsgebiet genauso wie in der Vorphase verstärkt eingefordert werden.

6.2.2 Landschaftsplan als Voraussetzung und fachlicher Beitrag für die Umsetzung

Nach dem herrschenden Modell der Landschaftsplanung geht man häufig davon aus, daß umfangreiche Bestandsaufnahmen vor Ort und daraus abgeleitete Ziele für sich sprechen, und Umsetzungsaktivitäten quasi von selbst auslösen. Diese Annahme hat sich als falsch erwiesen. Während die Aufgabe der Planer zu Beginn des Planungsprozesses die Zusammenstellung von Informationen und deren Bündelung zu Problemschwerpunkten und Planungsideen ist, geht es später um die Evaluierung, Durchführung und evtl. um die Neuformulierung der Planungsaktivitäten in den Verhandlungen mit den Umsetzern und Betroffenen. Neben den Bemühungen zur formellen Absicherung der Pläne müssen die Gemeinden verstärkt informelle Aktivitäten zur Verwirklichung dieser Pläne anstoßen und mittragen. Die Chancen und Gefährdungen des Umsetzungsprozeßes müssen zwischen Planer und Auftraggeber frühzeitig diskutiert und abgestimmt werden.

Die von den Planern vorgeschlagenen Lösungen dienen nicht nur der Entscheidungsvorbereitung im Gemeinderat. Gerade durch die Einführung kommunikativer und kooperativer Planungselemente werden die konkreten Handlungsabsichten und Ziele offengelegt, die dann der Diskussion unter den Planungsbetroffenen unterliegen. Deshalb müssen Umsetzungskonzepte noch offen für unterschiedliche Wege zur Verwirklichung landschaftsplanerischer Ziele sein. Ohne Verhandlungsspielräume wird sich niemand zur Mitarbeit motivieren lassen. So sind Planung und Umsetzung als zwei verschiedene Phasen anzusehen, die durch unterschiedliche Voraussetzungen und Zielrichtungen gekennzeichnet sind. Als Planungsbausteine werden sie verstärkt miteinander zu verkoppeln sein. Maßnahmen, über die Einigkeit besteht, können schon sehr frühzeitig umgesetzt werden, und auf diese Weise eine wichtige Aktivierungs- und Motivierungsfunktion erfüllen. Eine Aufgabe der Landschaftsplaner ist es, Anstöße zur Umsetzung zu geben bzw. Wege aufzuzeigen, wie die Pläne umgesetzt werden können. Dies gehört nicht zuletzt auch zu ihrer Aquirierungstätigkeit, da auch Umsetzungsaktivitäten nicht ohne fachplanerischen Sachverstand betrieben werden können.

6.2.3 Ergänzung der Bestandsaufnahme für die Umsetzung: Akzeptanzvoruntersuchung und andere Schwerpunktuntersuchungen

In Umsetzungsprozessen werden auftretende Probleme unter den unmittelbar Beteiligten häufig pragmatisch und kooperativ gelöst. Haltungen und Interessenlagen sind frühzeitig abzufragen und soweit wie möglich in die Planungsüberlegungen miteinzubeziehen. Dieses Vorgehen hat Luz unter dem Begriff "Akzeptanzvoruntersuchung" in Kapitel 3.3 ausführlich beschrieben (vgl. auch Luz 1993). Dabei sollte man nicht aus den Augen verlieren, daß auch Inakzeptanz möglich ist und häufig sehr plausible Gründe hat. Nur wenn in einem Planungsprozeß die Gründe für Inakzeptanz zur Kenntnis genommen werden, und in konstruktiver Art und Weise in einen Konfliktlösungsprozeß einfließen, kann der Umsetzungsprozeß ohne gegenseitige Störmanöver vorangetrieben werden. Kooperative und kommunikative Planungsprozeße geraten häufig in den Verdacht, als Akzeptanzbeschaffungsmaßnahmen für staatliche Vorgaben zu fungieren. Diesem Vorwurf kann nur mit dem Angebot einer fairen und sachlichen Auseinandersetzung begegnet werden. "Kommunikation muß glaubwürdig sein. Das ständige Betonen der eigenen Glaubwürdigkeit schadet dieser nur. Auch wer Akzeptanz will, darf sie nicht wollen." (Hill 1993, S. 33).

In den vier Erprobungsverfahren konnte gezeigt werden, daß agrarstrukturelle Informationen von den Gemeinden dringend benötigt werden, wenn ein agrarökologisches Leitbild am Ort entwickelt werden soll. Die gemeinsame Arbeit von Landschaftsplanern und Agrarberatern an einem agrarökologischen Kapitel im Landschaftsplan könnte die Phase der Umsetzung des Landschaftsplans wesentlich erleichtern und die Ergebnisse der Planung in Form konkreter Umsetzungsaktivitäten nachhaltig fördern. Für diesen Leistungsbaustein sind unter Umständen spezielle Daten bei Betrieben abzufragen und auszuwerten.

6.2.4 Fazit zur Verwirklichung landschaftsplanerischer Leitbilder in den Kommunen: Landschaftsplanung stärken, Beratungsleistungen für Kommunen bieten

Wenn auch die Kommunen in diesem Projekt als wichtigste Promotoren für die Steuerung örtlicher landschaftsplanerischer Prozeße benannt werden, so ist dagegen auch festzustellen, daß viele Gemeinden diese Aufgabe noch unzureichend wahrnehmen. Ohne wirklich attraktive Zielaussichten werden Beratungs-, Betreuungs- und Kontrollaufgaben nicht koordiniert. Eine stärkere Motivierung der Gemeinden, die diese Aufgaben aufgrund von Personalmangel häufig mithilfe von externen Dienstleistern abdecken müssen, wäre notwendig.

Dazu bedürfen die Verantwortlichen vor Ort auch der Beratung durch Planungsfachleute. Es existieren vielfältigste Modelle zur Planung und Umsetzung, die den Gemeinderäten vermittelt und nahegebracht und aus denen die problemangemessenen Wege ausgewählt werden müssen. Denkbar sind unterschiedliche Organisationsformen von der landesweit agierenden Landschaftsplanungsagentur, bei der Beratungsleistungen von Fall zu Fall eingeholt werden können bis zur Förderung des "Haus- und-Hof-Planers", der bei bestimmten Problemlagen jeweils als interner Kenner der Situation herangezogen wird. Als dritte Lösung könnten Verantwortliche in der Verwaltung selbst Planungs- und

Projektsteuerungswissen erwerben. Ein Vorteil der in Kapitel 6.1.2 erwähnten kooperativen Zusammenschlüsse wäre die effektivere gemeinsame Inanspruchnahme solcher Beratungsleistungen zur Planung und Umsetzung. Die übergeordneten Planungsebenen sollten ebenfalls weiterhin verstärkt zu einer Qualifizierung der Landschaftspläne und ihrer Umsetzung beitragen, indem sie für stringente Förderkonzeptionen sorgen, auf die sich die lokalen Akteure ver- und einlassen können.

6.3 Notwendigkeit einer Phase der Umsetzung am Runden Tisch

6.3.1 Neue Phase der Umsetzung etablieren und fördern

Die Landschaftsplanung ist unvollständig, wenn sie vor der Umsetzung halt macht. Umsetzung kann nicht mittels möglichst detaillierter Pflanz- und Pflegepläne erzwungen werden. Umsetzung ist ein kommunikativer und kooperativer Prozeß, bei dem das praktische Wissen aller Beteiligten einfließen muß, indem deren Interessen miteinander zum Ausgleich gebracht werden. Maßnahmen müssen initiiert, umgesetzt, betreut und manchmal korrigiert werden. Ihre langfristige Sicherung bedarf ebenfalls, wie die vorhergehenden Phasen und Schritte, fachplanerischen Sachverstands, wobei die Planer Flexibilität und Augenmaß als wichtige Planereigenschaften neben wissenschaftlich-methodischen Kenntnissen aufweisen müssen. Die Forderung nach einer eigenen Umsetzungsphase für Landschaftspläne hat sich bestätigt und vertieft. In Bayern werden pro Regierungsbezirk bereits zwei Pläne in der Umsetzungsphase modellhaft mit erhöhtem Fördereinsatz unterstützt. Fast alle dieser Pläne haben wirklich eine Pilotfunktion, da hier in den Gemeinden neue Initiativen entstehen, bestehende Aktivitäten gebündelt werden und konkrete Erfolge erzielt werden können.

Über die Landschaftspflegerichtlinien können in Bayern darüber hinaus im Rahmen der verfügbaren Haushaltsmittel Gemeinden, die sich zur Umsetzung entschließen generell gefördert werden. Auch die Beratung oder Gebietsbetreuung, wie sie zum Beispiel in England in den Environmentally Sensitive Areas angeboten wird, ist eine wichtige neue Form der Förderung von Kommunikation und Kooperation. Der Vorteil liegt in dem Vertrauen, das ein Gebietsbetreuer über längere Zeiträume zu seiner Klientel aufbauen kann. Der Nachteil liegt in den wenig transparenten Absprachen und dem großen Ermessensspielraum, den ein Gebietsbetreuer braucht.

Die Umsetzung eines Landschaftsplans ist, wie in dem Projekt gezeigt werden konnte, nicht nur an die Planung der Bebauung und Siedlungsentwicklung gebunden. Bebauungspläne vollziehen sich durch den konkreten Bauwillen der privaten Eigentümer. Aussagen zur Landschaftsentwicklung müssten durch zusätzliche informelle Anstrengungen verwirklicht werden. Gerade die Entwicklung des Außenbereichs bedarf der Umsetzungsbemühungen. Letztendlich müssen aber auch für die Phase der Umsetzung rechtlich verbindliche Beschlüsse angestrebt werden. Nur so können die Anstrengungen und Initiativen legitimiert und finanziell abgesichert werden.

6.3.2 Ergänzung des landschaftspflegerischen Instrumentariums um kommunikative und kooperative Elemente

Grundsätzlich hat die prozessuale Sichtweise den Blick dafür geschärft, daß Pläne immer einen Vorlauf, eine Umsetzungsphase und eine Nachlaufphase haben, in denen das Projekt von Fachleuten konzipiert, mit unterschiedlichen Beteiligten begonnen, durchgeführt und häufig einer langfristig verantwortlichen Institution übergeben wird. Die große Stärke von Verhandlungslösungen zeigt sich, wenn gegenläufige Interessen zu einem Ausgleich gebracht werden können. Dabei sollten naive

Konsenserwartungen zugunsten konkreter Konfliktanalysen und darauf abgestimmter Konfliktlösungsstrukturen aufgegeben werden. Nicht jede Konfliktkonstellation eignet sich für eine kooperative Verfahrenskonzeption nach dem partizipativen Modell. Alle möglichen Modelle (vgl. Kap. 5) sollten problemspezifisch angewandt werden. Hier besteht ein erheblicher Forschungs- und Entwicklungsbedarf bis zur konkreten Beschreibung der Handlungsalternativen im Sinne von Umsetzungshandbüchern. Dabei darf man jedoch nicht aus dem Auge verlieren, daß einfache Rezepturen für eine kommunikative und kooperative Umsetzung von Landschaftsplänen nicht zu erwarten und auch nicht zu wünschen sind.

Als ungeklärte Fragestellung kann die benötigte Rollenverteilung in einem solchen Prozeß angesehen werden. Wer jeweils bei speziellen Problemlagen die Initiative hat, wer welche Rolle und Funktion einnimmt und wer z.B. an der Organisation eines Runden Tischs ein spezifisches Eigeninteresse verfolgt, ist weitgehend unklar. Dennoch hat Bayern die Idee des Runden Tischs für die Landschaftsplanung aufgegriffen und damit einen wichtigen Diskussionsvorstoß gewagt (Bayr. Staatsministerium 1996).

6.3.3 Umsetzung durch andere Fachplanungsinstrumente oder Ressortinitiativen

Auch die staatliche Landwirtschaftsverwaltung baut in der Regel auf die Bereitschaft der Kommunen, Verantwortung für Natur und Landschaft zu übernehmen. Nach den Beschlüssen der LANA (1995) erfüllen die agrarischen Pläne nicht die allgemeinen Mindestanforderungen an die örtliche Landschaftsplanung. Eine wichtige Erfahrung aus den vorliegenden Projekten ist jedoch die gute Kombinierbarkeit der meisten der zur Verfügung stehenden landschaftsbezogenen Planungsverfahren. Je nachdem wie sich die aktuelle Problemlage in einer Gemeinde darstellt, können unterschiedliche Verfahren in Kombination miteinander zur Anwendung kommen. Dabei sind mit den Verfahren unter-schiedliche Methoden, eine unterschiedliche Ansprache von Akteuren, die Einbindung unterschied-licher Institutionen und unterschiedliche Anspruchsniveaus verbunden. Die Sonderrolle der Landwirte kann im Verfahren der Umsetzung eines Landschaftsplans durchaus zur Geltung kommen.

Das Flurneuordnungsverfahren greift in besonderer Weise in die Besitzstrukturen einer Gemeinde ein, so daß hier mit einer speziellen Vorgehensweise und einem langjährigen Know-How auch soziale und ökonomische Belange zum Ausgleich gebracht werden können. Je mehr Programme in der Fläche wirken, desto eher könnten Flurbereinigungsverfahren und Biotopvernetzungskonzeptionen ebenfalls einen flächenhaften Planungsansatz verwirklichen. Allerdings müssen dann verstärkt betriebliche Vorstellungen der Landschaftsnutzung mit den landschaftsplanerischen Vorstellungen in Einklang gebracht werden. Das bisher praktizierte Konfliktlösungsmodell, nämlich die Zuweisung aller naturschutzrelevanten Flächen an die Gemeinden oder staatliche Stellen, die dann mithilfe der Pflege- und Bewirtschaftsprogramme mit Landwirten verhandeln, wird in Zukunft aus finanziellen Gründen nicht mehr leicht zu praktizieren sein.

Das Beratungsmodell hat sich in den vier Fallbeispielen durchaus bewährt. Eine zielorientierte Beratung kann auch Phasen geringerer Intensität, z.B. bei zunehmender Selbstinitiative der Landwirte oder bei nur zyklisch auftretendem Beratungsbedarf jeweils vor einer neuen Programmgeneration aufweisen. Zusätzlich sind Bauernmärkte und andere Umsetzungsbemühungen, sofern sie professionell vorbereitet sind, die richtigen Schritte, auf die Verbraucher und Einwohner zuzugehen. Aus der Sicht des Naturschutzes und der Landschaftspflege ist es wichtig, daß der Landschaftsbezug der Produkte auch wirklich besteht und den Verbrauchern vermittelt werden kann. Es kommt also darauf an, sowohl bei Verbrauchern als auch bei den Landwirten, die Leistungen für Schutz und Pflege der Landschaft als wichtigen Konzeptbaustein immer wieder ins Bewußtsein zu rufen. Dazu müssen Landschaftsplaner verstärkt in die Vermarktungskonzeptionen eingebunden werden.

6.3.4 Flexibilität und Erfolgskontrolle, Fortschreibungsgründe in der Landschaftsplanung

Ein flexibles Vorgehen wird die Verhandlungsatmosphäre am Runden Tisch sicher nachhaltig verbessern. Dabei sollte aber nicht vergessen werden, die maßgeblichen Ziele der Gemeindeentwicklung zu verwirklichen. Die ständige Überprüfung der Wirkung von umgesetzten Maßnahmen und die Feinsteuerung der Planungsbemühungen sind deshalb ebenso wichtig, wie die frühzeitige Umsetzung von Maßnahmen zur Bildung von gegenseitigem Vertrauen und zum Erlernen der Zusammenarbeit untereinander.

Deshalb ist es zusätzlich hilfreich, Erfolgsmaßstäbe für den Planungsprozeß und für die verwirklichten Maßnahmen kooperativ und im Vorfeld der Umsetzung festzulegen. Inhaltliche Leitlinie sollten die Aussagen des Landschaftsplans sein. So kann die Maßnahmenausrichtung im Verfahren sehr viel konkreter ausdiskutiert werden, und es werden Hinweise für notwendigen Steuerungsbedarf im Verfahren gegeben. Je frühzeitiger und je konsensualer Erfolgskontrolluntersuchungen durchgeführt werden, desto eher können diese im Prozeß der Planung und Umsetzung konstruktiv wirken (statt destruktiv, wenn man sich zum Beispiel gegenseitig die Fehler vorhält). So könnten z.B. bei Beendigung eines Projektes pluralistisch zusammengesetzte Kontrollgremien zur kooperativen Evaluierung installiert werden, die in das Geschehen eingreifen, wenn dies notwendig erscheint (eher wie Gebietsbetreuer, nicht wie Polizisten).

Wie langfristig und aufwendig solche Untersuchungen zu den Projektwirkungen angelegt sein sollten hängt sicherlich auch vom Problem und von der Art der Problemlösung mit ab. Fehlerüberprüfung und Ergebnissicherung gehören zu den traditionellen Aufgaben von Ingenieuren und Experten. Dabei gilt es, methodische Lernschritte und Reflexionsphasen oder -gelegenheiten für alle Beteiligten systematisch in den Planungsprozess zu integrieren. Als initiierende Institution sollte wiederum die Kommune auftreten, deren Aufgabe es ist, neutrale und gerechte Methoden für die Beurteilung der Maßnahmen und die Interpretation der Ergebnisse der Erfolgskontrolle zu finden.

Werden wirkliche Umsetzungserfolge erreicht, sind in bestimmten Abständen Fortschreibungsbemühungen sinnvoll. Der Erhalt des Status-quo kann ebenfalls als Erfolg von Landschaftsplanung angesehen werden. Aber auch hier ändern sich die Rahmenbedingungen, die Förderkonstellationen und das Instrumentarium für diesen Zweck, so daß eine Anpassung der Mittel an die Schutzziele und eine Aktualisierung des Erhaltungskonzeptes angemessen sein kann. Die Bindung des Fortschreibungsrhythmuses der Landschaftsplanung an die langen Fortschreibungsperioden der Flächennutzungsplanung scheint gerade in Gebieten, die keine dynamische Siedlungsentwicklung aufweisen nicht sinnvoll zu sein. Dabei sollten die Landschaftspläne vermehrt auch in räumlichen Teilabschnitten, die landschaftsökologisch oder funktional abzugrenzen sind, fortgeschrieben werden.

6.3.5 Fazit für die Einführung einer Umsetzungsphase in der Landschaftsplanung: Die Aufgabenfelder der Umsetzung und der Konfliktlösung haben Auswirkungen auf die Honorarordnung für Architekten und Ingenieure (HOAI)

Ziel eines Rundes Tisches ist die Förderung einer Umsetzungspartnerschaft, in der alle Beteiligten Vorteile sehen können. Um dies zu erreichen, müssen vor Ort häufig Konflikte gelöst werden und es müssen Träger für die Umsetzungsaktivitäten gefunden werden. Landschaftsplanung darf nicht nach der Abgabe einer genehmigungsfähigen Planfassung enden. Auf die Landschaftsplaner kommen zahlreiche neue Planungs- und Beratungsleistungen zu, die heute zum Teil nur als besondere Leistungen von den Kommunen abgegolten werden können.

Diese Leistungen sollten aber als Grundleistungen zu einer neuen Planungsphase der Umsetzung verdichtet werden. Als mögliche Leistungsbausteine können folgende Aufgaben für die 6. Novellierung der HOAI (Strukturnovelle) zur Diskussion gestellt werden:

- Erfassung von förderlichen und hinderlichen Umsetzungsbedingungen in Gesprächen mit der Gemeinde, den Behörden und besonderen Zielgruppen (z.B. Akzeptanzvoruntersuchung, Zusammenarbeit mit Agrarberatern),
- Vorschlag für ein Umsetzungskonzept (z.B. Runder Tisch: Reichweite, Mandat für die Beteiligten, Organisationsform),
- Betreuung und Beratung der Gemeinde bei der Durchführung des Runden Tischs und der Einbeziehung externer Dienstleistungen, z.B. Zusammenarbeit mit einer Mediatorin oder einem Mediator,
- zielgruppenorientierte und laienverständliche Aufbereitung der Inhalte des Landschaftsplans,
- Beratung von Zielgruppen,
- Vorbereitung von Gemeinderatsbeschlüssen,
- fachbezogene Öffentlichkeitsarbeit nach Bedarf,
- frühzeitige Erfolgskontrolle als Voraussetzung zur Nachbesserung, Steuerung und Betreuung des Verfahrens.

6.4 Forschung, Erprobung und Weiterentwicklung einer umsetzungsorientierten Landschaftsplanung

6.4.1 Forschung, Erprobung und Weiterentwicklung von umsetzungsorientierten Landschaftsplanungsmodellen

Forschung und Praxis gehen in einem Erpobungs-und Entwicklungsvorhaben ein enges Verhältnis miteinander ein. Die Wissenschaftler beschreiben sowohl durch Beobachtung als auch durch aktive Teilhabe praktizierte bzw. praktizierbare Planungsmodelle, die so bisher vielleicht nur in den Köpfen einzelner Praktiker, aber nicht in der Literatur bestanden haben. Damit werden sie zugänglich und diskutierbar. So werden aus wissenschaftlichen Beschreibungen Methoden und Instrumentenbausteine, die mit anderen praktizierten Ansätzen verglichen werden können.

Eine besondere Qualität aber auch eine Gefahr von kommunikativen und kooperativen Planungsverfahren sind die benötigten Ermessens- und Flexibilitätsspielräume, die Voraussetzung für die informelle Zusammenarbeit der unterschiedlichsten Akteure vor Ort sind. Die vier vorgestellten Modelle erreichen im Idealfall die dringend benötigte Zusammenarbeit aller Akteure. Im "Worst-case" besteht jedoch die Gefahr, daß die Belange von Natur- und Landschaft nicht genügend Beachtung finden, also "unter den Runden Tisch" fallen. Pilot- und Demonstrationsprojekte haben das Ziel, Innovationen zu fördern, und diese so zu beschreiben, daß eine Nachahmung oder modifizierte Anwendung möglichst chancenreich und fruchtbar ist. Zu einem ehrlichen Erprobungs- und Entwicklungskonzept gehören deshalb auch normale Fälle, in denen gerade die möglichen Schwierigkeiten sichtbar werden.

Als Felder und Fragen für neue Erprobungsvorhaben können aufgezählt werden:
- Systematische Suche und Kategorisierung von kooperativen Umsetzungsprojekten der Praxis,
- Analyse von kooperativen Planungsansätzen in anderen Fachbereichen und Diskussion der Übertragungsmöglichkeiten für die Landschaftsplanung,
- Anwendung kooperativer Umsetzung in verschiedenen Problemkontexten, und in unterschiedlichen landschaftsökologisch definierten Konfliktlagen,
- Ausloten der Interessenlagen von Kommunen oder anderen Gebietskörperschaften, wenn deren Initiierungs- und Betreuungsaufgaben zur Umsetzung der Landschaftspläne verstärkt gefördert werden (Konzeptionierung kommunaler oder regionaler Förderprogramme),
- Weiterentwicklung der Akzeptanzvoruntersuchung,
- Scopingprozess vor der Auftragsvergabe zum Landschaftsplan,
- Öffnung der Planungsaufgabe für Beteiligungsansätze und konstruktiver Einsatz von Evaluierungs- und Erfolgskontrollmethoden,
- Stellenwert und Funktion aktivierender Beratung von Zielgruppen, Einfluß landschaftsplanerischer Kompetenz auf die Beratungsergebnisse,
- Inhalte und Reichweite einer neuen Planungsphase "landschaftspflegerische Umsetzung des Landschaftsplans", Erfolge oder Mißerfolge bei der Selbststeuerungsfähigkeit des Prozeßes durch die Gemeinden oder andere Institutionen,
- Methodische Aspekte der Evaluierung von Projekten,
- Beschreibung der Zugänge und Möglichkeiten der Motivationsförderung für örtliche Akteure und Mulitplikatoren.

6.4.2 Lern- und Berufsfelder für Landschaftsplaner

Die Aufgabe von Planern besteht heute mehr denn je nicht mehr nur darin, einen Plan anzufertigen und diesen der Kommune zu überlassen. Neben dem Wissen über ökosystemare Zusammenhänge und dem Vorschlag von Maßnahmen und Erfordernissen müssen Wege aufgezeigt werden, wie Ziele auch verwirklicht werden können. Dabei wachsen die Anforderungen an Planungen in gleichem Maße wie die Unsicherheiten über die Wirkungszusammenhänge im Verhältnis "Plan-Nutzer-Landschaftszustand" zunehmen. Umsetzungsorientierte Projekt- und Verfahrenskonzeptionen müssen auch über die subjektiven Bedingungen der Umsetzung und die umstrittenen Ziele der Landschaftsplanung Auskunft geben. Die Menschen vor Ort sollten, je nachdem wie stark sie vom Planungskonzept betroffen sind und welches Wissen sie zu dem Problem selbst beitragen können in das Verfahren miteinbezogen werden. Freie Planer und Planer in Verwaltungen müssen also lernen, auf die lokale Bevölkerung zuzugehen.

Die zentrale Qualität von Vermittlern in besonderen Konfliktlagen ist ihre Neutralität oder Allparteilichkeit gegenüber allen Beteiligten. Dabei ist Fachwissen nicht unwichtig. Im Idealfall wird ein Mediator von den Konfliktbeteiligten gemeinschaftlich beauftragt. Im konkreten Planungsverfahren bieten sich als Vermittler aber auch Bürgermeister oder andere von allen akzeptierte externe Personen an. Wenn Landschaftsplaner zu stark auf die Seite eines Verhandlungspartners geraten, ist eine Rolle als Vermittler, Schiedsrichter oder Moderator schwierig. Verwaltungsfachleute gelten ebenso wie die Experten oft als nicht neutral. Deshalb kann eine gewisse Externalität auch positive Auswirkungen haben. Freie auswärtige Planer können häufig hilfreiche Anstöße geben, die Projekte müssen jedoch von den Verantwortlichen vor Ort selbst getragen werden.

Eine zielgruppenorientierte Beratung ermöglicht es den Planungsträgern, Planungsinhalte denjenigen zu vermitteln, die einen herausragenden Anteil an der Verwirklichung von Plänen tragen. Dies sind im Fall der Landschaftsplanung oft die Landwirte, können aber auch andere Flächeneigner sein. Dabei sollte den Landschaftsplanern umgekehrt abverlangt werden, daß sie ihre Ergebnisse und Anliegen laienverständlich darlegen können. Konkrete Vermittlungsanlässe wie Vorträge, Veranstaltungen und Exkursionen sind zusätzlich einzuplanen.

Kein Verfahren kommt ohne intensive Öffentlichkeitsarbeit aus. Das unmittelbare Verhandeln zwischen eng miteinander kooperierenden Beteiligten läßt allzuhäufig die Aufgabe der Informierung einer breiten Öffentlichkeit aus dem Blick geraten. In den örtlichen Zeitungen muß die Landschaftsplanung ein größeres Gewicht bekommen, um z.B. über die Darstellung von Baumpflanzaktionen hinauszukommen. Dazu ist es nötig, die Regeln der Presse genauer zu kennen.

6.4.3 Inhalte für die Aus- und Weiterbildung von Umsetzungsmanagern

Um die vorne beschriebenen Entwicklungsmöglichkeiten zu verwirklichen, müssen Anstrengungen unternommen werden, die Landschaftsplaner in die Lage zu versetzen, diese neuen Aufgaben und Honorarleistungen zu erfüllen.

Bereits im Studium müssen deshalb Kenntnisse über die Chancen und Grenzen von kooperativen Planungsverfahren vermittelt werden. Dazu kommen Grundkenntnisse zur Organisation von Planungsprozessen und zum Projektmangement auf dem Gebiet der Landschaftsplanung. Grundsätzlich kann man ohne ein breites Methoden- und Verfahrenswissen keine Beratungsleistungen anbieten. Kenntnisse zu gruppendynamischen Prozessen und den Arbeitsweisen der Erwachsenenbildung sind ebenfalls hilfreich.

Für die Vermittlungsarbeit müssen Landschaftsplaner lernen, sich verständlich auszudrücken. Durch ihre Ausbildung wachsen sie in einen Expertenstatus hinein, der immer mit der Gefahr verbunden ist, in einen Fachjargon abzugleiten. Die verständliche Darstellung fachlicher Anliegen ist trainierbar. Das Erlernen journalistischer Grundkenntnisse erscheint ebenfalls hilfreich.

In Form von Projektarbeiten, sollten Studierende frühzeitig Erfahrungen in der Praxis machen. Wenn sie von ihren Hochschullehrern betreut werden, und diese gegenüber den Gemeinden den Status und Zweck einer Übung richtig darstellen, können Kooperations- und Beteiligungsprojekte auch zu Lernzwecken und beiderseitigem Nutzen durchgeführt werden. Für diese Projekte sollte jedoch ein ausreichender Etat zur Verfügung stehen, um Fachexpertisen von Außen heranziehen zu können.

In der Weiterbildung geht es um dieselben Inhalte aber um andere Formen der Vermittlung und des Trainings. Es ist umstritten, ob mediatorische Fähigkeiten im Rahmen eines Lernprogramms erworben werden können, oder ob diese nur durch Erfahrungen angeeignet werden. Wichtig ist auf jeden Fall das Selbsbild des Landschaftsplaners und der Entwurf einer angemessenen Rollendefinition, entweder als Experte der Sache oder eben als Vermittler zwischen den Akteuren.

Den Weiterbildungsinstitutionen kommt die Aufgabe zu, für neue Wege zu werben und die unterschiedlichen Möglichkeiten ihrer Verwirklichung aufzuzeigen. Besonders wichtig ist auch die Ansprache der Kommunen und die forcierte Darstellung der landschaftsplanerischen Handlungsspielräume. Gemeinnützige Institutionen und Stiftungen haben oft eine gute Chance, kooperative Verfahren vorzustellen oder sogar selbst zu erproben. Die Darstellung und Dokumentation der Ergebnisse und Erfahrungen, der positiven wie der negativen, könnte in der Fachwelt Aufmerksamkeit erzeugen und, wenn Erfolge erzielt werden, Nachahmungseffekte bewirken.

Fazit

Das Erprobungs- und Entwicklungsprojekt begann mit dem Ziel der praktischen Umsetzung landschaftspflegerischer Maßnahmen im Handlungsfeld Landwirtschaft und Naturschutz. Die hier vorgestellten Ergebnisse, Thesen und Forderungen weisen über diesen Rahmen hinaus. Wir glauben dennoch, genügend Anhaltspunkte dafür zu haben, daß sich die Landschaftsplanung verstärkt in Richtung eines umsetzungsorientierten Planungsprozeßes entwickeln sollte. Dazu gibt es in den vier Fallbeispielen einige Hinweise. Die Chancen und Grenzen einer kommunikativen und kooperativen Landschaftsplanung sollten deshalb in naher Zukunft in Forschung und Praxis ausführlich beschrieben und (natürlich auch kontrovers) diskutiert werden.

Literaturverzeichnis

AMMER, U., VOLZ, R., PREEN, A. V. & BIELING, A. (1996): Konzepte für Erstaufforstungen unter ökologischen, ökonomischen, soziokulturellen und landschaftsgestalterischen Gesichtspunkten. Abschlußbericht des Bayerischen Staatsministeriums für Landesentwicklung und Umweltfragen und des Bayerischen Staatsministeriums für Ernährung, Landwirtschaft und Forsten. (noch unveröffentlicht)

BAYERISCHES STAATSMINISTERIUM FÜR ERNÄHRUNG, LANDWIRTSCHAFT UND FORSTEN (BSTMELF) (1994): Das neue Bayerische Kulturlandschaftsprogramm. - Agrarpolitische Informationen 4/94

BAYERISCHES STAATSMINISTERIUM FÜR LANDESENTWICKLUNG UND UMWELTFRAGEN (1996a): Landschaftsplanung am Runden Tisch - Inhalt, Verfahrensablauf, Umsetzung, Beteiligung und Mitwirkung. Entwurf des Leitfadens zur Fortentwicklung des gemeindlichen Landschaftsplans als Teil des Flächennutzungsplans in Bayern. - München (unveröffentlicht)

BAYERISCHES STAATSMINISTERIUM FÜR LANDESENTWICKLUNG UND UMWELTFRAGEN (1996b): Landschaftsplanung am Runden Tisch - das Beispiel der Gemeinde Kirchdorf im Wald. (Broschüre)

BEIRAT FÜR NATURSCHUTZ UND LANDSCHAFTSPFLEGE BEIM BUNDESMINISTER FÜR UMWELT, NATURSCHUTZ UND REAKTORSICHERHEIT (1994): Zur Akzeptanz und Durchsetzbarkeit des Naturschutzes. - Bonn (N I 1-70014/7)

BLÜMEL, W. & PFEIL, M. (1995): Neuere Entwicklungen im Umwelt- und Verfahrensrecht. - Speyer (Forschungsinstitut für öffentliche Verwaltung bei der Hochschule für Verwaltungswissenschaften) - Speyerer Forschungsberichte, Nr. 79

BOLAY, F.W. (1989): Zielorientiertes Planen von Projekten und Programmen der Technischen Zusammenarbeit (ZOPP), Leitfaden und Nachschlagewerk. 2., überarb. Fass. - Eschborn (Gesellschaft für Technische Zusammenarbeit)

BÖHRET, C., KESTERMANN, R. & REISER, M. (1989): Folgeanalysen im verwaltungspolitischen Prozeß der Technikgestaltung. - Speyer (Forschungsinstitut für öffentliche Verwaltung bei der Hochschule für Verwaltungswissenschaften) - Speyerer Forschungsberichte, Nr. 79

BRUNS, D. & GILCHER, S. (1995): Erfolgskontrolle Biotopverbundplanung Herbrechtingen. (unveröffentlicht)

DANNER, W. (1996): Erfolgskontrolle im Erprobungs- und Entwicklungsvorhaben des Bundesministeriums für Umwelt, Naturschutz und Reaktorsicherheit, Akzeptanzforschung im Projekt Marchetsreut, Entwicklung der Umsetzungsprojekte. (unveröffentlicht)

DEUTSCHER VERBAND FÜR WASSERWIRTSCHAFT (DVWK) (1996): Fluß und Landschaft. Ökologische Entwicklungskonzepte. - Bonn (DVWK) - Merkblätter, 240

DIENEL, P.C. (1992): Die Planungszelle, eine Alternative zur Establishmentdemokratie. 3., erw. Aufl. - Opladen (Westdeutscher Verlag)

DIENEL, P.C. (1993): Hoffnung für den Politikverbraucher. Zwischenbericht über die Planungszelle. Eröffnungsvortrag am 18. und 19. Mai in Linz, Donau. Werkstattpapier Forschungsstelle Bürgerbeteiligung und Planungsverfahren. - Wuppertal (Bergische Universität)

ENDRUWEIT, G. (1995): Probleme der Evaluation staatlicher Planungsprogramme. (unveröffentlicht)

FLAIG, H., LINCKH, G., MOHR, H. & SPRICH, H. (1995): Voraussetzungen einer nachhaltigen Land- und Forstwirtschaft, Pilotstudie. - Stuttgart (Akademie für Technikfolgenabschätzung) - Arbeitsbericht, Nr. 41

GASSNER, E. (1995): Das Recht der Landschaft. Gesamtdarstellung für Bund und Länder. - Radebeul (Neumann Verlag)

GAßNER, H., HOLZNAGEL, B. & LAHL, U. (1992): Mediation. Verhandlungen als Mittel der Konsensfindung bei Umweltstreitigkeiten. - Bonn (Ecomica Verlag) - Planung und Praxis im Umweltschutz

HAGMEIER, H.-U. (1996): Erfolgskontrolle Biotopvernetzung Herbrechtingen. Abschlußbericht. (unveröffentlicht)

HAAG, F. u.a. (1972): Aktionsforschung. - München

HEINZE, G.H. (1992): Verbandspolitik zwischen Partikularinteressen und Gemeinwohl: Der Deutsche Bauernverband. - Gütersloh (Verlag Bertelsmann Stiftung)

HEIßENHUBER, A. (1995): Betriebswirtschaftliche Aspekte der Honorierung von Umweltleistungen der Landwirtschaft. - In: WERNER, W. u.a.: Ökologische Leistungen der Landwirtschaft. - Schriftenreihe Agrarspectrum 24: 123-141

HEIßENHUBER, A., KATZEK, J., MEUSEL, F. & RING, H. (1994): Landwirtschaft und Umwelt, Umweltschutz. - Grundlagen und Praxis, Band 9. - Bonn (Economica Verlag)

HEIßENHUBER, A., KÖBLER, M. & REITMAYR, T. (1996): Gutachten über ökonomische Aspekte der Erprobungs- und Entwicklungsvorhaben Herbrechtingen, Marchetsreut, Sersheim und Stephanskirchen. Abschlußbericht. (unveröffentlicht)

HEIßENHUBER, A. & RING, H. (1994): Landwirtschaft und Umweltschutz. - In: HEIßENHUBER, A., KATZEK, J., MEUSEL, F. & RING, H. (1994): Landwirtschaft und Umwelt, Umweltschutz. - Grundlagen und Praxis, Band 9. - Bonn (Economica Verlag), S. 38-137

HILL, H. (1993): Staatskommunikation - Begriff, Erscheinungsformen und Entwicklungschancen. - In: HILL, H. (Hrsg.): Staatskommunikation. - Köln (Carl Heymanns Verlag)

HILL, H. (1995): Mediation im Kontext neuerer Entwicklungen von Recht und Staat. - In: ARBEITSGEMEINSCHAFT FÜR UMWELTFRAGEN e.V. (Hrsg.): Das Umweltgespräch. Umweltkongress Düsseldorf 1995. - Bonn, S. 71-79

JESSEL, B. (1995): Ist künftige Landschaft planbar? Möglichkeiten und Grenzen ökologisch orientierter Planung. - Laufener Seminarbeiträge 4/95: 91-100

JUNGK, R. & MÜLLERT, N. (1989): Zukunftwerkstätten, mit Phantasie gegen Routine und Resignation. - München (Heyne Sachbuch)

KAULE, G., ENDRUWEIT, G., WEINSCHENCK, G., FEIFEL, A., LUZ, F. & OPPERMANN, B. (1994): Landschaftsplanung, umsetzungsorientiert! Endbericht des Erprobungs- und Entwicklungsvorhabens. - Angewandte Landschaftsökologie, 2

KIRCHHOF, F. (1994): Die Optimierung der Beteiligung der Träger öffentlicher Belange an Bauleitungsverfahren. - Stuttgart - Staatsanzeiger für Baden-Württemberg

KNEMEYER, F.-L. (1995): Bürgerbeteiligung und Kommunalpolitik. Eine Einführung in die Mitwirkungsrechte von Bürgern auf kommunaler Ebene. - Landsberg (Olzog Verlag)

KÖBLER, M. (1996): Grundwasserschutz und Landbewirtschaftung in Bayern. Maßnahmen zur Begrenzung des Nitrateintrages aus landwirtschaftlicher Produktion und Abschätzung der Kosten des flächendeckenden Gewässerschutzes. - München-Weihenstephan (Technische Universität, Dissertation) (im Druck)

LANA: siehe LÄNDERARBEITSGEMEINSCHAFT FÜR NATURSCHUTZ, LANDSCHAFTSPFLEGE UND ERHOLUNG

LÄNDERARBEITSGEMEINSCHAFT FÜR NATURSCHUTZ, LANDSCHAFTSPFLEGE UND ERHOLUNG (LANA) (1995a): Mindestanforderungen an die örtliche Landschaftsplanung. - Stuttgart (Umweltministerium Baden-Württemberg)

LÄNDERARBEITSGEMEINSCHAFT FÜR NATURSCHUTZ, LANDSCHAFTSPFLEGE UND ERHOLUNG (LANA) (1995b): Betreuung großräumiger Schutzgebiete. - Stuttgart (Umweltministerium Baden-Württemberg)

LANGER, I., SCHULZ VON THUN, F. & TAUSCH, R. (1981): Sich verständlich ausdrücken. - München (E. Reinhard Verlag)

LINCK, G., SPRICH, H., FLAIG, H. & MOHR, H. (Hrsg.) (1996): Nachhaltige Land- und Forstwirtschaft, Expertisen. - Berlin (SpringerVerlag)

LUZ, F. (1993): Zur Akzeptanz landschaftsplanerischer Projekte. Determinanten lokaler Akzeptanz und Umsetzbarkeit von landschaftsplanerischen Projekten zur Extensivierung, Biotopvernetzung und anderen Maßnahmen des Natur- und Umweltschutzes (Dissertation). - Frankfurt (Verlag P. Lang)

LUZ, F. & OPPERMANN, B. (1993): Landschaftsplanung, umsetzungsorientiert! - Garten und Landschaft 103 (11): 23-27

LUZ, F. & OPPERMANN, B. (1994): Planerischer Wille und Planerische Praxis. - Der Bürger im Staat 44 (1): 84-89

LUZ, F. & ENDRUWEIT, G. (1996): Wiederaufnahme der wissenschaftlichen Begleitung und Erfolgskontrolle für die Erprobungsmaßnahmen in den Teilprojekten Marchetsreut, Stephanskirchen, Herbrechtingen und Sersheim: Bericht zum Teilprojekt Akzeptanzforschung. (unveröffentlicht)

MINISTERIUM FÜR LÄNDLICHEN RAUM, ERNÄHRUNG, LANDWIRTSCHAFT UND FORSTEN BADEN-WÜRTTEMBERG (MLR) (1994): Richtlinie zur Förderung der Erhaltung und Pflege der Kulturlandschaft und von Erzeugungspraktiken, die der Marktentlastung dienen (Marktentlastungs- und Kulturlandschaftsausgleich (MEKA). - Stuttgart (MLR)

OPPERMANN, B. & LUZ, F. (1996): Planung hört nicht mit dem Planen auf, Kommunikation und Kooperation sind für die Umsetzung unerläßlich. - In: KONOLD, W. (Hrsg.) (1996): Naturlandschaft, Kulturlandschaft. - Landsberg (Ecomed Verlag), S. 273-288

OPPERMANN, B. (1996): Zusammenfassung der Teilberichte und Ergänzung um Projektinformationen aus den Abschlußveranstaltungen und anderen Projektterminen. (unveröffentlicht)

PETER, C. & KURSAWA-STUCKE, H.-J. (1995): Deckmantel Ökologie, Tarnorganisationen der Industrie mißbrauchen das Umweltbewußtsein der Bürger. - München (Knaur Verlag)

RAT VON SACHVERSTÄNDIGEN FÜR UMWELTFRAGEN (SRU) (1994): Umweltgutachten 1994. Für eine dauerhaft-umweltgerechte Entwicklung. - Bundestagsdrucksache 12 /6995 vom 8.03.1994

RAT VON SACHVERSTÄNDIGEN FÜR UMWELTFRAGEN (SRU) (1996): Umweltgutachten 1996. Zur Umsetzung einer dauerhaft-umweltgerechten Entwicklung. - Stuttgart (Metzler-Poeschel Verlag)

REINERMANN, H. (1995): Ergebnisorientierte Führung und schlanke Verwaltung. - Baden-Baden (Nomos Verlag) - Verwaltung und Management, Teil I: 3: 169-173, Teil II: 4: 246-251

RENN, O. & OPPERMANN, B. (1995): "Bottom-up" statt "Top-down":- Die Forderung nach Bürgermitwirkung als (altes und neues) Mittel zur Lösung von Konflikten in der räumlichen Planung. - Zeitschrift für Angewandte Umweltforschung (ZAU), Sonderheft 6: 257-276

RIESCH, R. (1995): Erfolgskontrolle des Wegrandstreifenprogramms im Rahmen des Vorhabens "Ausrichtung von Extensivierungs-, Flächenstillegungs- und ergänzenden Maßnahmen auf die Ziele des Natur- und Umweltschutzes mittels der Landschaftsplanung" auf der Gemarkung Sersheim. (unveröffentlicht)

RITTEL, H. (1970): Der Planungsprozess als iterativer Vorgang von Varietätserzeugung und Varietätseinschränkung. - In: RITTEL, H. (1992): Planen - Entwerfen - Design. - Stuttgart (Kohlhammer)

SACHVERSTÄNDIGENRAT FÜR UMWELTFRAGEN (SRU): siehe RAT VON SACHVERSTÄNDIGEN FÜR UMWELTFRAGEN

SCHOBER, M. & PÖLLINGER, A. (Büro für Landschaftsarchitektur) (1996): Erfolgskontrolle der Umsetzungsmaßnahmen im Verfahren ländliche Entwicklung Marchetsreut, Gemeinde Perlesreut. Zusammenfassung der Ergebnisse. (unveröffentlicht)

SCHUEMER, R. (1995): Nutzungsorientierte Bewertung gebauter Umwelten. Post-occupancy Evaluation (POE). - Studienbrief der Fernuniversität Hagen, Teil I und Teil II

SCHULZ VON THUN, F. (1981): Miteinander reden, Störungen und Klärungen, allgemeine Psychologie der Kommunikation, Band 1. - Reinbeck (Rororo Sachbuch)

SIEDLE, K. & KROMBACH, A. (1996): Sersheim: Erfolgskontrolle der Extensivierungsmaßnahmen im Rahmen der Flurbereinigung. (unveröffentlicht)

STÄNDIGE ARBEITSGRUPPE DER BIOSPHÄRENRESERVATE IN DEUTSCHLAND (1995): Biosphärenreservate in Deutschland, Leitlinien für Schutz, Pflege und Entwicklung. - Berlin (Springer Verlag)

STEINERT, W. (1993): Umsetzung der Landschaftsplanung. Pilotprojekt der Gemeinde Stephanskirchen. - Anthos 32(4): 7-11

STEINERT, W. (1996): Grünordnungsplan im Bebauungsplanverfahren zum Schutz, zur Pflege und Entwicklung eines entwässerten Hochmoores, Bebauungsplan und Grünordnungsplan "Westerndorfer Filze", Gemeinde Stephanskirchen. Ergebnis der Planung und Umsetzung. (unveröffentlicht)

STEINERT, W., GREBE, R. & WIRTHENSOHN, E. (1991): Pilotprojekt Umsetzung der Landschaftsplanung in der Gemeinde Stephanskirchen, Oberbayern. Erläuterungsbericht.

STEINERT, W., GREBE, R. & WIRTHENSOHN, E. (1993): Natur- und Umweltschutz mit der Landwirtschaft, Umsetzung der Landschaftsplanung am Beispiel Stephanskirchen, Oberbayern. Vorhaben des Bundesministers für Umwelt, Naturschutz und Reaktorsicherheit. (unveröffentlicht)

STIFTUNG MITARBEIT (Hrsg.) (1992): 1. Deutscher Schöffentag "Mehr Demokratie am Richtertisch". - Brennpunkt-Dokumentation, Nr. 13

STUCKI, B. & WEISS, J. (1995): Landwirtschaft für wen? Bauern und Bäuerinnen zwischen Produktion und Ökolohn. Analyse eines Konflikts. - (Selbstverlag, Rütiwies, CH-8596 Steg)

SRU: siehe SACHVERSTÄNDIGENRAT FÜR UMWELTFRAGEN

TIMP, D.W. (1994): Einstellungen zum Biotop- und Artenschutz. - Umweltpsychologische Berichte aus Forschung und Praxis 2: 107-115

WIRTHENSOHN, E. & SLAVICEK, M. (1996): Gutachten über die ökonomische und ökologische Entwicklung von 20 ausgewählten Betrieben in den Jahren 1989 bis 1995 im Rahmen der Erfolgskontrolle zum Erprobungs- und Entwicklungsvorhaben des Bundesministeriums für Umwelt, Naturschutz und Reaktorsicherheit in der Gemeinde Stephanskirchen. (unveröffentlicht)

Anhang

Kurzfassung: Der Runde Tisch als Mittel zur Umsetzung der Landschaftsplanung

1	Konzeption und Ergebnisse des Erprobungs- und Entwicklungsvorhabens 1989-1993 und der Wiederaufnahme und Erfolgskontrolle 1995/1996	III
2	Vier Fallbeispiele	IV
3	Erkenntnisse der Akzeptanzforschung	VI
4	Ökonomische Aspekte aus der Sicht der Landwirtschaft	VII
5	Umsetzungsorientierte Landschaftsplanung als Kommunikations- und Kooperationsmodell	VIII
6	Folgerungen für eine umsetzungsorientierte Landschaftsplanung	VIII

1 Konzeption und Ergebnisse des Erprobungs- und Entwicklungsvorhabens 1989-1993 und der Wiederaufnahme und Erfolgskontrolle 1995/1996[*]

Ziel des 1989 vom Bundesumweltministerium initiierten Projektes war es, die grundsätzlichen Möglichkeiten einer Ausrichtung von agrarischen Förderprogrammen auf die Ziele des Natur- und Umweltschutzes an praktischen Beispielen zu beschreiben und zu erproben. Mit der Förderung von vier Pilotverfahren sollte ein Beitrag zu einer praxisorientierten Forschung und Thesenbildung geleistet werden. Die Bereitschaft der lokalen Projektträger, sich in dem Projekt auf innovative Planungsansätze einzulassen, hat das Projektdesign maßgeblich mitbestimmt. Umgekehrt haben die Wissenschaftler einiges an "Umsetzungs-Know-How" von den Praktikern gelernt.

Dazu ist zu bemerken, daß die Bedeutung des Begriffs Landschaftsplanung hier sehr weit gefaßt wird. Wenn in diesem Bericht von Landschaftsplanung die Rede ist, ist der ganze Landschaftsplanungsprozess von der Problemdefinition über die Bestandsaufnahme, die Ableitung von Zielen und deren Verwirklichung, z.B. bis zur Pflanzung eines Baumes gemeint. Dieser Prozess schließt verschiedene Vorgehensweisen und damit auch die Umsetzungsmöglichkeiten anderer Fachbehörden in die Betrachtung mit ein.

Die Auswahl von vier Fallbeispielen erfolgte nach Problemschwerpunkten (natürliche landwirtschaftliche Produktionsbedingungen und Lage zu Verdichtungsräumen). Für jedes Beispiel wurde ein möglichst problemangepaßtes Maßnahmenkonzept beantragt und durchgeführt. Es wurden sowohl die Aktualisierung, Anpassung und Vertiefung der Planung als auch materielle Maßnahmen, wie z.B. der Bau eines Stalls zur Mutterkuhhaltung, gefördert. Zur Förderung der Kommunikation und Kooperation vor Ort wurden in allen Verfahren ähnliche Maßnahmen, wie das Angebot einer landwirtschaftlichen Beratung, die Gründung von Arbeitskreisen und Aufklärungsveranstaltungen über die Projektabsichten angeregt (strukturelle Maßnahmen). Die wissenschaftliche Begleitung übernahm durch die Untersuchungen zur Akzeptanz und durch Aktivitäten im Rahmen der Projektsteuerung ebenfalls eine konstruktive Rolle in den Teilprojekten.

Landschaftsplanung sollte von vorne herein Umsetzungsaspekte mitberücksichtigen. Die 1993 zur Diskussion gestellten Thesen zur besseren Umsetzung von Plänen mittels eines kommunikativen und kooperativen Planungsmodells bauen auf Projekterfahrungen aus den Jahren 1989-1993 auf: Nach einer Phase der Bestandsaufnahme wäre eine Phase der Bündelung und Projektsteuerung am Runden Tisch anzustreben. Dabei sollten die örtlichen Umsetzungsbedingungen für das Projekt ermittelt werden. Zu diesen zählen die Akzeptanzvoruntersuchung, die Klärung von Zuständigkeiten und Interessenlagen der Beteiligten sowie die Klarheit über mögliche Konfliktkonstellationen, die z.B. mit der Vorgeschichte des Projektes verbunden sein können. Andererseits muß der Vermittlung von Umweltwissen und der Zielvorstellungen zur Landschaftsentwicklung genauso große Beachtung geschenkt werden. Neben ersten Umsetzungsschritten, die sich zum Beispiel auch zur Bekanntmachung

---

[*] Das Entwicklungs- und Erprobungsvorhaben wurde durch drei Forschungsinstitute, dem
- Institut für Landschaftsplanung und Ökologie an der Universität Stuttgart (Prof. Dr. G. Kaule, Dipl.-Ing. Bettina Oppermann), dem
- Institut für Sozialforschung an der Universität Stuttgart (Prof. Dr. G. Endruweit, jetzt Universität Kiel, Prof. Dr. F. Luz, jetzt Fachhochschule Weihenstephan), und dem
- Institut für landwirtschaftliche Betriebslehre an der Universität Hohenheim (Prof. Dr. G. Weinschenck, Dipl.-Ing. agr. Anne Feifel) betreut.
- Für die Erfolgskontrolluntersuchung 1995/96 hat der Lehrstuhl für Wirtschaftslehre des Landbaus der Technischen Universität München, Weihenstephan, die Zusammenfassung der vier Projektberichte zum Thema Betriebswirtschaft und die Thesenüberprüfung übernommen (Prof. Dr. Heißenhuber, Dr. M. Köbler, Dr. T. Reitmayr).

des Projektes und zur Öffentlichkeitsarbeit eignen, sollte die Verhandlung über langfristige Umsetzungsschritte vorangetrieben werden. Gerade mit ersten kleineren Umsetzungserfolgen können die Akteure vor Ort gegenseitiges Vertrauen bilden, was die weitergehenden Schritte nachhaltig erleichtert. Frühzeitige Erfolgskontrolluntersuchungen können sowohl Aktivierungsfunktionen erfüllen als auch zur Feinsteuerung der Planung beitragen und langfristig die Ergebnisse dokumentieren. Weiterhin können im Verlauf des Verfahrens Bedenken gegenüber Maßnahmen mit unsicherer Wirkung häufig nur dann ausgeräumt werden, wenn die Überprüfung der Annahmen über Wirkungszusammenhänge rechtzeitig zugesichert wird.

Zum Abschluß des Projektes 1993 waren die Auswirkungen einiger langfristig wirkender Maßnahmen noch nicht beschreibbar. Deshalb wurde 1995 eine einjährige Phase der Wiederaufnahme und Erfolgskontrolle des Projektes begonnen. Die Ergebnisse der Erfolgskontrolluntersuchungen sind einzelfallspezifisch zu interpretieren. In jeder Erprobungsgemeinde wurden Untersuchungen zu den Themenbereichen
- Landschafts- und Vegetationsentwicklung,
- ökonomische Wirkungen,
- Akzeptanz und Inakzeptanz und
- Kommunikations- und Kooperationsstruktur

durchgeführt. Die beteiligten Planer evaluierten die Wirkungen der Maßnahmen aus ihrer Sicht, so daß das Selbstverständnis der Projektverantwortlichen vor Ort in die Diskussion eingebracht werden konnte. Die Zusammenfassung der Teilberichte übernahm das Institut für Landschaftsplanung und Ökologie.

Das Problem der langfristigen Sicherung der Ergebnisse wurde in allen Verfahren ausführlich behandelt und zum Teil gelöst. Insofern haben die Aktivitäten des Jahres 1996 auf jeden Fall eine wichtige Planungsfunktion gehabt. Es ist nicht geplant, die Projekte fortzuführen. Mit der neuen Beschreibung des Projektstandes im Jahr 1996 können die Verantwortlichen vor Ort aber durchaus konstruktiv weiterarbeiten. Die Erfolge und Mißerfolge können sowohl Ansporn für die Fortführung des Projektes sein, oder aber den Beteiligten die Gelegenheit bieten, unter das Verfahren einen Schlußstrich zu ziehen.

2 Vier Fallbeispiele

Flurbereinigungsverfahren Marchetsreut (Bayern)

Im Flurbereinigungsverfahren Marchetsreut im Bayerischen Wald sollten die Probleme ländlicher Gebiete demonstriert werden, die aufgrund der Aufforstungsprogramme der Europäischen Union (EU) mit der Gefährdung von naturschutzbedeutsamen Flächen konfrontiert sind. Von der Teilnehmergemeinschaft wurde ein anspruchsvolles Konzept zum Biotopverbund verwirklicht, das in ein langfristiges Pflege- und Sicherungskonzept überführt werden mußte. In diesem Rahmen wurden Verträge mit der örtlichen Landwirtschaft geschlossen. Als konkretes Projektziel wurde die Weiterbewirtschaftung steiler Hanglagen und die Nutzung von Naßwiesen in einer möglichst extensiven und traditionellen Form formuliert. Die Flächen zur Offenhaltung der Landschaft werden heute von Auerochsen und Pinzgauer Rindern beweidet anstatt wie bisher gemäht. Der größte Teil des Biotopnetzes befindet sich im Besitz der Gemeinde und der Behörden. Nach den Programmen sind die Flächen, die sich in bäuerlichem Besitz befinden für 5 Jahre per Vertrag in ihrer Nutzung festgeschrieben, danach wird erneut über die Programme verhandelt.

Die Direktion für Ländliche Entwicklung begleitete das Projekt bis in das Jahr 1996. Die Behörde erstellte ein Faltblatt und nahm an einem Wettbewerb teil. Ein örtlicher Umsetzungsberater konnte nicht ausgebildet werden. In einer Abschlußsitzung mit den Bauern wurden Bewirtschaftungsprobleme (vorgegebener fixer Schnittzeitpunkt) offen diskutiert. Gleichzeitig wurde ein Netz von Flächen zur Beobachtung der Vegetationsentwicklung eingerichtet. Die Qualität des von der Flurbereinigung angelegten Biotopnetzes wird relativ grob betrachtet, die Entwicklung der Wiesen zu Weiden wird durch aufwendigere Untersuchungen dokumentiert.

Umsetzung des Landschaftsplans Stephanskirchen (Bayern)

Ziel der Umsetzung des Landschaftsplans in Stephanskirchen war eine möglichst flächendeckende Extensivierung der landwirtschaftlichen Nutzungsintensität. Die Umsetzung war 1989 in Stephanskirchen in Oberbayern schon in vollem Gang. Die große Teilnahmebereitschaft an dem Programm der "ökologischen Modellbetriebe" konnte schon im Abschlußbericht 1993 dokumentiert werden. Die Initiativen zur lokalen Vermarktung der erzeugten Produkte setzten hier an. Zuvor war durch eine Verbraucherumfrage geprüft worden, ob sich die zusätzlichen Investitionen lohnen würden. Drei Landwirte unternahmen es, mit umfangreichen Eigenmitteln und Mitteln der Dorferneuerung, eine Pasteurisierungsanlage zu bauen, um Milch direkt auszuliefern. Ein Landwirt richtete aus Eigeninitiative eine Hofkäserei ein. Die Gruppe der ökologisch wirtschaftenden Betriebe bietet heute ihre Produkte auf einem Bauernmarkt im Ortsteil Baierbach an.

Am Beispiel des Grünordnungsplans "Westerndorfer Filze" sollte geprüft werden, ob Bebauungspläne zur Umsetzung von Zielen des Natur- und Umweltschutzes und zur Lösung von Konflikten zwischen Naturschutz, Landwirtschaft, Erholungsnutzung und Siedlungsentwicklung hilfreich sein können. Der Grünordnungsplan "Westerndorfer Filze" wurde im Gemeinderat im Herbst 1995 verabschiedet. Dazu waren zahlreiche Behördentermine durchgeführt worden, da das Ziel des Plans, Natur- und Landschaftsfunktionen mittels eines Bebauungsplanverfahrens zu sichern auch von den Aufsichtsbehörden als Neuland angesehen wurde. Mittlerweile hat Stephanskirchen die Fortschreibung des kommunalen Landschaftsplans beschlossen. Zahlreiche kleinere Biotopneuschaffungs- und Biotopsicherungsmaßnahmen konnten auf dem Grund der ökologisch wirtschaftenden Landwirte verwirklicht werden. In dem Ortsteil Baierbach wird derzeit auf Initiative der Gemeinde das Verfahren einer ökologischen Dorferneuerung durchgeführt. Die Ansätze in Stephanskirchen stießen auch auf überörtliches Interesse. Die Gemeinde Stephanskirchen wurde von zahlreichen Universitäten und Weiterbildungsinstitutionen besucht. Die Ergebnisse wurden in mehreren umfangreichen Broschüren dokumentiert.

Biotopvernetzungskonzeption Herbrechtingen (Baden-Württemberg)

In Herbrechtingen auf der Schwäbischen Alb waren zu Beginn des Projektes Konflikte zwischen landwirtschaftlicher Nutzung und den Erfordernissen des Grundwasserschutzes offensichtlich. Die Schutzgebiets- und Ausgleichsverordnung (SchALVO) war erst vor kurzem eingeführt worden, und zeigte noch wenig Wirkung. In Herbrechtingen wurde ein zwischenbehördlicher Arbeitskreis einberufen, indem zwischen Landratsamt und Gemeinde verschiedene Maßnahmenpakete verhandelt wurden. Besonderer Wert wurde auf die Aktivierung bzw. Motivierung der Gemeinde gelegt, sich für die Umsetzung der Biotopvernetzungskonzeption einzusetzen. Der Gemeinderat hatte die Maßnahmen zu Beginn des Verfahrens äußerst skeptisch beurteilt. Bevor man dem Verfahren überhaupt zustimmte, wurde eine Exkursion nach Stephanskirchen organisiert.

Das Verfahren der Biotopvernetzung wird als Programm nur in Baden-Württemberg praktiziert. Im Rahmen der Biotopvernetzung sollten einzelne Vertiefungsgebiete bearbeitet werden, um so eine Anschubwirkung im Projekt zu erreichen. In Herbrechtingen konnten im Zuge der Agrarberatung einige Vertragsabschlüsse für Wiesenstreifen und Ackerrandstreifen erreicht werden. Der örtliche Agrarberater hat zudem darauf hingewiesen, daß einige Landwirte, die ökologisch wirtschaften, zusätzliche Maßnahmen auf ihrem Grund verwirklichen. Auch hier gelten die Vertragsabschlüsse zunächst 5 Jahre. Das zuständige Landwirtschaftsamt hatte die Programmabwicklung und die Kontrolle der Maßnahmen übernommen. Mit dem zuständigen Mitarbeiter der Stadt und dem Gemeinderat wurde ein Feldrundgang organisiert. Es ergaben sich wie in Marchetsreut und Sersheim kleinere praktische Probleme mit der Bewirtschaftung.

Die langfristige Sicherung der Flächen wird erst jetzt von der Gemeinde als Aufgabe wahrgenommen. Im Zuge des Projektabschlusses wurde darüber diskutiert, ob eine Erweiterung auf Gebiete, in denen die Flurbereinigung jetzt abgeschlossen ist, sinnvoll ist. Dies wurde im Grunde bejaht, aber aufgrund der mangelnden Absicherung der Projekterfolge in den Demonstrationsgebieten noch einmal vertagt.

Flurbereinigungsverfahren Sersheim (Baden-Württemberg)

Die Gemeinde Sersheim im Ballungsraum Stuttgart war Beispiel für die Darstellung der Probleme der Landwirtschaft in sehr fruchtbaren Gebieten in Verdichtungsräumen. Auch in Sersheim waren Wegrandstreifen und Ackerrandstreifen angelegt worden. Die Maßnahme wurde von einem projektbegleitenden Arbeitskreis initiiert, durchgeführt und überprüft. Das schon weitgehend abgeschlossene Flurbereinigungsverfahren wurde zu einem sehr späten Zeitpunkt noch einmal auf Möglichkeiten hin untersucht, die Folgen der landschaftlichen Umgestaltung abzumildern. Um ein dauerhaft tragfähiges Finanzierungsprogramm für die Gemeinde zu sichern, wurde das Flurbereinigungsverfahren durch ein Biotopvernetzungskonzept ergänzt. Dieses Konzept diente als Grundlage für die Umsetzung. Die Gemeinde erklärt sich für ihre Flächen verantwortlich, betont aber gleichzeitig, daß ihr Beitrag eher symbolisch und zur Motivierung der Landwirte, denn als aktive Teilnahme am Programm zur Flurdurchgrünung gedacht war. Eine Fläche war als Zwischennutzung für den geplanten und nun forcierten Bau einer Umgehungsstraße eingebracht worden. Die zuständige Gemeindemitarbeiterin vermißte den anfangs vorhandenen Blühreichtum der Streifen. Die Gemeinde hatte eine Broschüre zu den Aktivitäten des Projektes mitherausgegeben.

3   Erkenntnisse der Akzeptanzforschung

Als Grundtendenz kann als Ergebnis der Erfolgskontrolle für die Akzeptanzforschung festgehalten werden, daß die im Schlußbericht 1993 tabellarisch dargestellten und textlich beschriebenen Erkenntnisse und Unterschiede zwischen den untersuchten Gemeinden sich durchwegs Punkt für Punkt bestätigt und verstärkt haben.

Bereits vorhandene positive Umsetzungsbedingungen in Marchetsreut und Stephanskirchen haben weitergehende Umsetzungsschritte ermöglicht und zu weiterführenden Maßnahmen aus Eigeninitiative geführt. Von außen herangetragene, von den Gemeinden und Bürgermeistern wenig unterstützte Maßnahmen in Herbrechtingen und Sersheim sind Einzelmaßnahmen ohne weitere Nachahmung oder Weiterentwicklung im eigenen Interesse geblieben. In Marchetsreut muß befürchtet werden, daß nach Abschluß der Flurbereinigung der Motor für die beschrittenen Innovationen fehlen wird und es angesichts der eher zurückhaltenden Rolle der Gemeinde und des Bürgermeisters ebenfalls zur Stagnation kommt. Der Stellenwert von Vermarktungshilfen wurde in Marchetsreut und Stephanskirchen weiter bekräftigt. Die Beschreibung von positiven Auswirkungen einzelbetrieblicher Beratung zog sich durch alle Gespräche in den vier Gemeinden, obwohl die Beratung bereits 1993 eingestellt wurde. Die funktionale und persönliche Rolle der eingeschalteten Berater wurde in allen Gesprächen hervorgehoben. Die bayerischen Berater unterstrichen, daß ihnen die in den Erprobungsgemeinden gewonnenen Erkenntnisse erst die Umsetzung noch weitergehender Schritte in anderen Verfahren ermöglichten (Pilotfunktion).

Ob es sich bei den erreichten Erfolgen um Eintagsfliegen, übergestülpte Konzepte oder Selbstläufer handelt, kann auch im Rahmen dieser Follow-up-Studie drei Jahre nach der letzten Berichterstattung nicht endgültig beurteilt werden. Hierzu müßte diese Untersuchung nach mehreren Jahren wiederholt werden. Dennoch können aufgrund der vorliegenden Erkenntnisse die bisher thesenhaften Folgerungen des Erprobungs- und Entwicklungsvorhabens im kommunikativen und kooperativen Bereich bekräftigt werden.

4 Ökonomische Aspekte aus der Sicht der Landwirtschaft

Eine sorgfältige Analyse der Landbewirtschaftung und die Darstellung der externen Effekte der Landnutzung stellt eine wichtige Grundlage für ein kooperatives und kommunikatives Planungsmodell dar. Aus ökonomischer Sicht stehen der Einkommensbeitrag sowie die Einkommenssicherung und die Aufrechterhaltung bzw. Etablierung einer standortspezifisch umweltgerechten, ressourcenschonenden Landbewirtschaftung im Vordergrund des Interesses und stellen somit ein wichtiges Bewertungskriterium für den Erfolg von Kooperationsmodellen aus der Sicht der Agrarökonomie dar. Darüber hinaus müssen am Beispiel der vier Gemeinden der Beratungs- und Kontrollaufwand für die agrarischen Programme mit einer Ausrichtung auf die Ziele der Landschaftsplanung einer kritischen Betrachtung unterzogen werden.

Generell ist die Direktvermarktung als eine Form der Kooperation zwischen Landwirten als sehr positiv zu beurteilen. Allerdings können hieraus keine verallgemeinerungsfähigen Rückschlüsse gezogen werden, da diese Vermarktungsform immer einen Nischenmarkt darstellen dürfte. Wichtig bei der Vermarktung ist eine gleichmäßige Belieferung des Marktes und in der Produktpalette ein möglichst breites Sortiment. Diese Vermarktungsform wirkt gesamtwirtschaftlich betrachtet einer zunehmenden Spezialisierung und Arbeitsteilung entgegen. Daher kann dieses Instrument eine wichtige Rolle in regionalen Vermarktungskonzepten spielen. Es ist jedoch nicht immer und überall anwendbar und sollte insbesondere im Hinblick auf den Arbeitszeit- und Investitionsbedarf sorgfältig geplant werden. Zukünftig sollte daher die Förderung verstärkt auf Gemeinschaftseinrichtungen abzielen, so daß auch eine gewisse Auslastung der Einrichtungen erreicht wird.

Die wachsenden Aufgaben der behördlichen Beratung zur Umsetzung und Kontrolle der EU-Agrarreform führen dazu, daß die Regional-/Lokalberatung in Zukunft sicherlich eine sehr wichtige Rolle spielen wird. Die Beratung kann aufgrund der umfangreichen Aufgaben für die Umsetzung der EU-Agrarreform sicher nicht von der behördlichen Beratung übernommen werden. Zudem muß die Nachhaltigkeit der Beratung gewährleistet sein. Das heißt, daß die Beratung immer nur eine Initialzündung zur Umsetzung der Maßnahmen geben kann (mit teilweiser Förderung). Für die langfristige Umsetzung und den Erhalt der durchgeführten Maßnahmen, ist es notwendig, daß die Betriebsgemeinschaften im Laufe der Zeit durch einen verantwortlichen privaten Berater betreut werden. Im Zeitablauf ist jedoch eine tragfähige ökonomische Basis zu schaffen, damit die Vorhaben zu "Selbstläufern" werden und die langfristige Wirkung der Maßnahmen gesichert ist.

5 Umsetzungsorientierte Landschaftsplanung als Kommunikations- und Kooperationsmodell

Als potentielle Teilnehmer an einem kooperativen Planungs- und Umsetzungsverfahren wurden die Gemeinden, Interessenvertreter, zuständige Ämter, Ministerien, landwirtschaftliche Betriebe und die Bürger und Konsumenten genannt. Die Rolle der Landschaftsplaner war als durchgängige Aufgabe im Planungs- und Umsetzungsprozess definiert. Neben einer Phase der Vorplanung wurde somit eine Phase der Projektsteuerung am Runden Tisch und eine Phase der praktischen Umsetzung gefordert. Seither ging die Diskussion weiter. Die anstehende Ausformung der Landschaftsplanung in Richtung auf einen zweiphasigen kommunikativen und kooperativen Prozeß, bestehend aus Planung und Umsetzung bedarf der weiteren Konkretisierung. Vier konkrete Modelle zur Umsetzung der Landschaftsplanung werden diskutiert. Dabei erhebt kein Modell den Anspruch, den Königsweg für die zukünftige Landschaftsplanung darzustellen. Jedes Modell birgt in sich Stärken und Schwächen, wie auch Chancen und Risiken. Unterschieden werden können:

- das sachlogische Modell der Landschaftsplanung, bei dem vertiefte fachwissenschaftliche Expertisen durch Landschaftsplaner zu einem Konzept gebündelt werden (unterschiedlichste Umsetzungsaktivitäten orientieren sich an den landschaftsplanerischen Vorgaben),
- ein politisch-administratives Modell, bei dem die zwischenbehördliche Koordination als Aufgabe im Vordergrund steht,
- ein Modell, das hauptsächlich auf der Aushandlung von Interessen zwischen Verbänden und organisierten Interessengruppen beruht und
- ein partizipatorischer Ansatz, der auch Ziele der politischen Bildung und der Umweltbildung in sich vereinigt.

Die Modelle können nicht unabhängig voneinander diskutiert werden. Sie bauen aufeinander auf und ergänzen sich gegenseitig. Auf die Standards einer sachorientierten Landschaftsplanung kann zum Beispiel nicht verzichtet werden, auch wenn dieses Modell hinsichtlich der Förderung und Steuerung der Umsetzungsaktivitäten als ergänzungsbedürftig angesehen wird.

6 Folgerungen für eine umsetzungsorientierte Landschaftsplanung

6.1 Förderliche Rahmenbedingungen für lokales Umwelthandeln

Die Entscheidungen von landwirtschaftlichen Betrieben haben einen erheblichen Einfluß auf den Zustand von Natur und Landschaft. In der Umweltpolitik ist dies verstärkt zu berücksichtigen. Ebenso muß die Ökologisierung der Agrarpolitik weiter gehen. Die EU-Agrarpolitik sollte das zur Verfügung stehende Instrumentarium verstärkt auf die Förderung der Umweltschutzleistungen der Landwirte konzentrieren. Dazu gehört die Unterstützung von Kooperationen zur Umsetzung landschaftsplanerischer Leitbilder (kommunale Landschaftsplanung mit Umsetzungsphase). Das bedeutet im Einzelnen:

- Im Agrarbereich ist die Einführung einer differenzierten Umweltpolitik erforderlich. Dazu gehören eine nicht umweltschädigende "gute fachliche Praxis" der Landbewirtschaftung, der Ausgleich von erhöhten Anforderungen an den Ressourcenschutz in bestimmten Gebieten und örtlich differenzierte zusätzliche Maßnahmen (regionaler und lokaler Maßstab).
- Ohne eine frühzeitige Kooperation unter allen Akteuren wird kein Plan umgesetzt. Die Zusammenarbeit unter Fachressorts, Gebietskörperschaften und Betrieben bedarf des Anstoßes und der Betreuung durch die Verwaltung und die Politik. Die fachliche Bündelung von Zielen

sollte mithilfe der Landschaftsplanung erfolgen. Unter landschaftsökologischen Gesichtspunkten abgegrenzte und funktional zusammengehörige Gebiete, wie z.B. Wassereinzugsgebiete und daraus resultierende Problemlagen, wie die Belastung eines Oberflächengewässers können wichtige Ansatzpunkte für die interkommunale Zusammenarbeit darstellen.
- Die Gemeinden tragen im Rahmen ihrer Planungshoheit auch Mitverantwortung für die Begleitung und Steuerung des agrarstrukturellen Wandels. Die staatliche Umwelt- und in verstärktem Maße auch die Landwirtschaftspolitik baut in vielen Fällen auf der Vermittlerfunktion der Gemeinden auf. Die Kommunen sollten bei dieser Aufgabe durch staatliche Förderprogramme unterstützt werden.

6.2 Stärkung der flächendeckenden kommunalen Landschaftsplanung als Voraussetzung für die Bündelung von Umsetzungsaktivitäten

Ohne Planung kann die Umsetzung nicht gelingen und umgekehrt wird in vielen Fällen ohne Umsetzung der Sinn von Plänen fraglich. Der Planungsprozeß muß zukünftig auf die Umsetzung von Maßnahmen zielen, wobei auch die formale Sicherung und Beibehaltung von umweltverträglichen Nutzungen als Umsetzungsmaßnahme angesehen werden sollte. Umsetzung im Sinne der Landschaftsplanung bedeutet nicht Aktionismus, sondern langfristig die Verwirklichung umweltschonender Landschaftsnutzung inclusive der Vermittlung von Umweltwissen für Gemeinderäte, Landwirte und Verbraucher. Damit wird Planung komplexer. Betroffene fordern Mitsprache und die Öffentlichkeit will informiert sein. Die Kommunen benötigen deshalb verstärkt Anstöße und Beratungsleistungen zur professionellen Gestaltung des Planungsprozeßes. Denkbar sind die Einrichtung von Beratungsagenturen, die Fortbildung von Gemeindemitarbeitern und das Angebot von Beratungsdienstleistungen durch freie Planer. In den Teilprojekten wurde die wichtige Rolle der Kommunen immer wieder herausgehoben:

- Die Kommunen haben sich als zentrale Akteure im Planungs- und Umsetzungsprozeß erwiesen. Ihre Funktion als Projektträger ist insbesondere am Anfang (Initiierung und Motivierung) und am Ende (Überführung der Ergebnisse in langfristig gesicherte Strukturen) eines Verfahrens, eines Projektes oder einer Initiative von großer Bedeutung.
- Um positive Bündelungseffekte zu erlangen, soll die Kommune ein Entwicklungsleitbild unter ökologischen Zielvorgaben vorlegen, an dem sich andere Akteure orientieren können. Die Pläne dienen dann auch als Mittel und Maßstab einer Erfolgsbeurteilung für die örtliche Umweltpolitik im Bereich des Natur- und Landschaftsschutzes.
- Um ihrer Aufgabe gerecht zu werden, benötigen die Kommunen Daten zur agrarstrukturellen Entwicklung. Diese könnten als Teilkapitel in den Landschaftsplan einfließen und gemeinsam mit den Landwirten zu einem agrarökologischen Leitbild ausgearbeitet werden. So können von vornherein erste Schritte für die Umsetzung in die Wege geleitet werden.
- Um nennenswerte Umsetzungseffekte zu erzielen, sollten Akzeptanzvoruntersuchungen durchgeführt werden.

6.3 Notwendigkeit einer Phase der Umsetzung am Runden Tisch

Ziel eines Runden Tisches ist die Förderung einer Umsetzungspartnerschaft, in der alle Beteiligten Vorteile sehen können. Um dies zu erreichen, müssen vor Ort Konflikte gelöst werden, und es müssen Träger für die Umsetzungsaktivitäten gefunden werden. Eine eigene Phase zur Umsetzung der kommunalen Landschaftspläne sollte im Rahmen der Strukturnovelle zur HOAI eingeführt werden

(Umsetzungsaktivitäten als Grundleistungen). Umsetzungsaktivitäten können an vielen Stellen ansetzen:
- Die Umsetzung eines Landschaftsplans ist nicht nur auf die Steuerung der Bebauung und Siedlungsentwicklung beschränkt. Auch für andere Sektoren der Umweltpolitik einer Gemeinde muß es eine aktive Umsetzungsphase geben. Im Gegensatz zum Planungsvollzug durch Bebauung ist Landschaftsentwicklung und Landschaftssicherung häufig für Private ökonomisch nicht attraktiv. Die Rahmenbedingungen müssen so gestaltet sein, daß auch Private in der Umsetzung landschaftsplanerischer Ziele einen Nutzen sehen. Im Fall der landwirtschaftlichen Nutzung spielen die EU-Agrarprogramme eine herausragende Rolle.
- Die Umsetzung ist in besonderer Weise durch kommunikative und kooperative Elemente gekennzeichnet, die in dem Bild der Zusammenführung unterschiedlicher Interessen an einem Runden Tisch beschrieben werden können. Die Einbeziehung von einzelnen Privatpersonen, organisierten Interessengruppen oder der breiten Öffentlichkeit kann von Fall zu Fall unterschiedlich organisiert werden.
- Alle zur Verfügung stehenden Fachplanungsinstrumente und ressortspezifischen Umsetzungsmöglichkeiten, wie z.B. die Biotopvernetzung, die Flurbereinigung, die Agrarstrukturelle Entwicklungsplanung etc. sollten ebenfalls je nach Problemlage genutzt und in Kenntnis ihrer Spezifika angewandt werden. Kombinationen sind sinnvoll, sofern sie vor Ort aufeinander abgestimmt zum Einsatz kommen.
- Die lokalen Akteure benötigen zur Umsetzung besondere Flexibilitätsspielräume. In Ergänzung dazu bedarf es aber auch der Erfolgskontrolle und Fortschreibung von Plänen, um zu überprüfen, ob die generelle Zielrichtung weiterhin sinnvoll ist und ob die Maßnahmen zur Zielerreichung beitragen (Feinsteuerung).

6.4 Forschung, Erprobung und Weiterentwicklung einer umsetzungsorientierten Landschaftsplanung

Das Know-How zur Aktivierung, Beteiligung und Konfliktlösung ist in der Landschaftsplanung noch nicht in ausreichendem Maß vorhanden. Es gibt aber zahlreiche Ansatzpunkte in verwandten Planungsfeldern, die verstärkt in den Blickwinkel der Planer geraten sollten. Die Erfahrungen aus den Pilotprojekten und die daraus abgeleiteten Folgerungen legen die Einrichtung neuer Lehr- und Lernfelder in den Ausbildungs- und Weiterbildungsinstitutionen nahe:
- Das Thema "kooperative Planung" wird in unterschiedlichsten Planungsbereichen diskutiert, Erfahrungen können für die Landschaftsplanung nutzbar gemacht werden.
- Für die Umsetzung werden sich neue Lern- und Berufsfelder für Landschaftsplaner und andere Professionen herauskristallisieren. Hier sind sinnvolle Möglichkeiten der Zusammenarbeit im Rahmen der Projektkonzipierung zu suchen.
- Landschaftsplaner, Agraringenieure u.a. müssen im Feld der Umsetzung ihre eigene Rolle finden und sich durch Aus- und Weiterbildung entsprechende Kenntnisse aneignen.
- Es müssen weiterhin örtliche Akteure gesucht werden, die ihr Umfeld für die Umsetzung motivieren und aktivieren können. Aktive Projektträger sind zu unterstützen.

Schluß

Das Erprobungs- und Entwicklungsprojekt hatte die modellhafte praktische Umsetzung landschaftspflegerischer Maßnahmen im Handlungsfeld Landwirtschaft und Naturschutz zum Ziel. Die hier vorgestellten Ergebnisse, Thesen und Forderungen weisen auf mögliche und benötigte Innovationen in der Landschaftsplanung hin. Wir glauben, genügend Anhaltspunkte dafür zu haben, daß sich die Landschaftsplanung verstärkt in Richtung eines umsetzungsorientierten Planungsprozeßes entwickeln sollte. Dazu gibt es in den vier Fallbeispielen viele Hinweise. Die Chancen und Grenzen einer kommunikativen und kooperativen Landschaftsplanung sollten deshalb in naher Zukunft in Forschung und Praxis ausführlich beschrieben und (natürlich auch kontrovers) diskutiert werden.

Veröffentlichungen des Bundesamtes für Naturschutz

Schriftenreihe für Landschaftspflege und Naturschutz	Seite II
Schriftenreihe für Vegetationskunde	Seite VI
Angewandte Landschaftsökologie	Seite VIII
Natur und Landschaft	Seite IX
Dokumentation Natur und Landschaft	Seite IX
Bibliographien	Seite IX
Sonstige Veröffentlichungen	Seite XI
Schriftenreihe „MAB-Mitteilungen"	Seite XII
Lieferbare Hefte	Seite XV

Schriftenreihe für Landschaftspflege und Naturschutz

Heft 1: Der Landschaftsplan – Inhalt, Methodik, Anwendungsbereiche.
Hochwasserbedingte Landschaftsschäden im Einzugsgebiet der Altenau und ihrer Nebenbäche.
Bad Godesberg: 1966, 190 Seiten, ISBN 3-7843-2001-5

Heft 2: I. Aktuelle Rechtsfragen des Naturschutzes. II. Gutachten über das Naturschutzgebiet „Lister Dünen mit Halbinsel Ellenbogen auf Sylt".
Bad Godesberg: 1967, 114 Seiten, ISBN 3-7843-2002-3

Heft 3: Beiträge zur Neuordnung des ländlichen Raumes. Wettbewerb „Unser Dorf soll schöner werden" – ein Instrument zur Neuordnung des ländlichen Raumes. Erholung – ein wachsender Anspruch an eine sich wandelnde Landschaft.
Bad Godesberg: 1968, 196 Seiten, ISBN 3-7843-2003-1

Heft 4: Zur Belastung der Landschaft.
Bonn-Bad Godesberg: 1969, 160 Seiten, ISBN 3-7843-2004-X

Heft 5: Landschaftsplan und Naturparke.
Bonn-Bad Godesberg: 1970, 211 Seiten, ISBN 3-7843-2005-8

Heft 6: Naturschutz und Erziehung; Landschaftsplanung – Bauleitplanung; Naturschutzgebiete und ihre Probleme. Seminare im Europäischen Naturschutzjahr 1970.
Bonn-Bad Godesberg: 1971, 279 Seiten, ISBN 3-7843-2006-6

Heft 7: Aktuelle Probleme des Schutzes von Pflanzen- und Tierarten.
Bonn-Bad Godesberg: 1972, 143 Seiten, ISBN 3-7843-2007-4

Heft 8: Internationale Arbeit in Naturschutz und Landschaftspflege.
Öffentlichkeitsarbeit für Naturschutz und Landschaftspflege.
Bonn-Bad Godesberg: 1973, 178 Seiten, ISBN 3-7843-2008-2

Heft 9: Gessner, E., Brandt, K. und Mrass, W.: Ermittlung von aktuellen und potentiellen Erholungsgebieten in der Bundesrepublik Deutschland.
Bonn-Bad Godesberg: 1975, 76 Seiten, 18 Karten, ISBN 3-7843-2009-0 (vergriffen)

Heft 10: Bürger, K.: Auswertung von Untersuchungen und Forschungsergebnissen zur Belastung der Landschaft und ihres Naturhaushaltes.
Bonn-Bad Godesberg: 1975, 119 Seiten, ISBN 3-7843-2010-4

Heft 11: Solmsdorf, H., Lohmeyer, W. und Mrass, W.: Ermittlung und Untersuchung der schutzwürdigen und naturnahen Bereiche entlang des Rheins (Schutzwürdige Bereiche im Rheintal).
Bonn-Bad Godesberg: 1975, Textband: 186 Seiten, Kartenband: 5 Übersichtskarten, 160 Einzelkarten, ISBN 3-7843-2011-2 (vergriffen)

Heft 12: Erz, W. u.a.: Schutz und Gestaltung von Feuchtgebieten.
Bonn-Bad Godesberg: 1975, 136 Seiten, ISBN 3-7843-2012-0 (vergriffen)

Heft 13: Untersuchungen zu Nationalparken in der Bundesrepublik Deutschland:
1. Henke, H.: Untersuchung der vorhandenen und potentiellen Nationalparke in der Bundesrepublik Deutschland im Hinblick auf das internationale Nationalparkkonzept.
2. Gutachtliche Stellungnahme der Bundesforschungsanstalt für Naturschutz und Landschaftsökologie zu einem umfassenden Naturschutz, insbesondere zur Einrichtung eines Nationalparks, im Nordfriesischen Wattenmeer.
Bonn-Bad Godesberg: 1976, 180 Seiten, 36 Karten, ISBN 3-7843-2013-9

Heft 14: Krause, C. L., Olschowy, G., Meisel, K., Finke, L.: Ökologische Grundlagen der Planung.
Bonn-Bad Godesberg: 1977, 204 Seiten, 3 Karten, 2 Matrizes, 30 Abbildungen, 39 Tabellen,
ISBN 3-7843-2014-7 (vergriffen)

Heft 15: Fritz, G. und Lassen, D.: Untersuchung zur Belastung der Landschaft durch Freizeit und Erholung in ausgewählten Räumen.
Bonn-Bad Godesberg: 1977, 130 Seiten, 4 Karten, 24 Abbildungen, 37 Tabellen,
ISBN 3-7843-2015-5 (vergriffen)

Heft 16: 1. Arnold, F. u.a.: Gesamtökologischer Bewertungsansatz für einen Vergleich von zwei Autobahntrassen.
2. Bürger, K., Olschowy, G. und Schulte, Cl.: Bewertung von Landschaftsschäden mit Hilfe der Nutzwertanalyse.
Bonn-Bad Godesberg: 1977, 264 Seiten, 9 Tabellen, 31 Abbildungen, 74 Computerkarten,
ISBN 3-7843-2016-3 (vergriffen)

Heft 17: Zvolský, Z.: Erarbeitung von Empfehlungen für die Aufstellung von Landschaftsplanungen im Rahmen der allgemeinen Landeskultur und Agrarplanung.
Bonn-Bad Godesberg: 1978, 262 Seiten, 11 Abbildungen, 4 Computerkarten, 76 Tabellen,
ISBN 3-7843-2017-1

Heft 18: Blab, J.: Biologie, Ökologie und Schutz von Amphibien. 3. erweiterte und neubearbeitete Auflage.
Bonn-Bad Godesberg: 1986, 150 Seiten, 33 Abbildungen, 18 Tabellen,
ISBN 3-88949-128-6

Heft 19: Mader, H.-J.: Die Isolationswirkung von Verkehrsstraßen auf Tierpopulationen untersucht am Beispiel von Arthropoden und Kleinsäugern der Waldbiozönose.
Bonn-Bad Godesberg: 1979, 131 Seiten, 33 Abbildungen, 30 Tabellen,
ISBN 3-7843-2019-8 (vergriffen)

Heft 20: Wirkungsanalyse der Landschaftsplanung.
1. Krause, C. L.: Methodische Ansätze zur Wirkungsanalyse im Rahmen der Landschaftsplanung.
2. Krause, C. L. und Henke, H.: Beispielhafte Untersuchung von Wirkungszusammenhängen im Rahmen der Landschaftsplanung.
Bonn-Bad Godesberg: 1980, 300 Seiten, 64 Abbildungen, 36 Tabellen, 15 Matrizen,
ISBN 3-7843-2020-1

Heft 21: Koeppel, H.-W., und Arnold, F.: Landschafts-Informationssystem.
Bonn-Bad Godesberg: 1981, 192 Seiten, 26 Abbildungen, 9 Tabellen,
ISBN 3-7843-2021-X

Heft 22: Mader, H.-J.: Der Konflikt Straße-Tierwelt aus ökologischer Sicht.
Bonn-Bad Godesberg: 1981, 104 Seiten, 20 Abbildungen, 19 Tabellen,
ISBN 3-7843-2022-8 (vergriffen)

Heft 23: Nowak, E. und Zsivanovits, K.-P.: Wiedereinbürgerung gefährdeter Tierarten. Wissenschaftliche Grundlagen, Erfahrungen und Bewertung.
Bonn-Bad Godesberg: 1982, 153 Seiten, 23 Abbildungen, 7 Tabellen,
ISBN 3-7843-2023-6

Heft 24: Blab, J.: Grundlagen des Biotopschutzes für Tiere. Ein Leitfaden zum praktischen Schutz der Lebensräume unserer Tiere. 4., erweiterte und neubearbeitete Auflage.
Bonn-Bad Godesberg: 1993, 479 Seiten, Abbildungen, Tabellen, Quellen,
ISBN 3-88949-115-4

Heft 25: Krause, C. L., Adam, K. und Schäfer, R.: Landschaftsbildanalyse, Methodische Grundlagen zur Ermittlung der Qualität des Landschaftsbildes.
Bonn-Bad Godesberg: 1983, 168 Seiten, 24 Abbildungen, 19 Tabellen, 3 Karten,
ISBN 3-7843-2025-2 (vergriffen)

Heft 26: Bless, R.: Zur Regeneration von Bächen der Agrarlandschaft, eine ichthyologische Fallstudie,
Bonn-Bad Godesberg: 1985, 80 Seiten, 31 Abbildungen, 23 Tabellen,
ISBN 3-7843-2026-0

Heft 27: Mader, H.-J., Klüppel, R. und Overmeyer, H.: Experimente zum Biotopverbundsystem – tierökologische Untersuchungen an einer Anpflanzung.
Bonn-Bad Godesberg: 1986, 136 Seiten, 39 Abbildungen, 6 Tabellen,
ISBN 3-7843-2027-9

Heft 28: Nowak, E. und Zsivanovits, K.-P.: Gestaltender Biotopschutz für gefährdete Tierarten und deren Gemeinschaften.
Bonn-Bad Godesberg: 1987, 204 Seiten, 96 Abbildungen, 21 Tabellen,
ISBN 3-7843-2028-7 (vergriffen)

Heft 29: Blab, J., Nowak, E. (Hrsg.): Zehn Jahre Rote Liste gefährdeter Tierarten in der Bundesrepublik Deutschland. Situation, Erhaltungszustand, neuere Entwicklungen.
Bonn-Bad Godesberg: 1989, 312 S., Abbildungen, Tabellen, Kartenskizzen,
ISBN 3-88949-157-X

Heft 30: Blab, J., Terhardt, A., Zsivanovits, K.-P.: Tierwelt in der Zivilisationslandschaft.
1. Raumeinbindung und Biotopnutzung bei Säugetieren und Vögeln im Drachenfelser Ländchen.
Bonn-Bad Godesberg: 1989, 223 S., Abbildungen, Tabellen, Kartenskizzen,
ISBN 3-88949-158-8

Heft 31: Faber, T. F.: Die Luftbildauswertung, eine Methode zur ökologischen Analyse von Strukturveränderungen bei Fließgewässern.
Bonn-Bad Godesberg: 1989, 119 S., Abbildungen, Tabellen, Karten,
ISBN 3-7843-2029-5

Heft 32: Riecken, U. (Hrsg.): Möglichkeiten und Grenzen der Bioindikation durch Tierarten und Tiergruppen im Rahmen raumrelevanter Planungen.
Bonn-Bad Godesberg: 1990, 228 S., Abbildungen, Tabellen,
ISBN 3-7843-2071-6

Heft 33: Schulte, W. u.a.: Zur Biologie städtischer Böden. Beispielraum: Bonn-Bad Godesberg.
Bonn-Bad Godesberg: 1990, 184 S., Abbildungen, Kartenskizzen, Tabellen,
ISBN 3-88949-168-5

Heft 34: Blab, J., Brüggemann, P., Sauer, H.: Tierwelt in der Zivilisationslandschaft. 2. Raumeinbindung und Biotopnutzung bei Reptilien und Amphibien im Drachenfelser Ländchen.
Bonn-Bad Godesberg: 1991, 94 S., Abbildungen, Tabellen, Quellen,
ISBN 3-88949-175-8

Heft 35: Bless, R.: Einsichten in die Ökologie der Elritze – *Phoxinus phoxinus (L.)*, praktische Grundlagen zum Schutz einer gefährdeten Fischart.
Bonn-Bad Godesberg: 1992, 57 S., Abbildungen, Tabellen, Quellen,
ISBN 3-7843-2030-9

Heft 36: Riecken, U.: Planungsbezogene Bioindikation durch Tierarten und Tiergruppen – Grundlagen und Anwendung.
Bonn-Bad Godesberg: 1992, 187 S., Abbildungen, Tabellen,
ISBN 3-7843-2031-7

Heft 37: Gießübel, J.: Erfassung und Bewertung von Fließgewässern durch Luftbildauswertung.
Bonn-Bad Godesberg: 1993, 77 S., Abbildungen, Tabellen, Quellen,
ISBN 3-7843-2033-3

Heft 38: Blab, J., Riecken, U.: Grundlagen und Probleme einer Roten Liste der gefährdeten Biotoptypen Deutschlands. Referate und Ergebnisse des gleichnamigen Symposiums der Bundesforschungsanstalt für Naturschutz und Landschaftsökologie vom 28.–30. Oktober 1991.
Bonn-Bad Godesberg: 1993, 339 S., Abbildungen, Tabellen, Quellen,
ISBN 3-88949-192-8

Heft 39: Haarmann, K., Pretscher, P.: Zustand und Zukunft der Naturschutzgebiete in Deutschland – Die Situation im Süden und Ausblicke auf andere Landesteile.
Bonn-Bad Godesberg: 1993, 266 S., Abbildungen, Tabellen, Quellen,
ISBN 3-7843-2032-5

Heft 40: Blab, J., Schröder, E. und Völkl, W. (Hrsg.): Effizienzkontrollen im Naturschutz. Referate und Ergebnisse des gleichnamigen Symposiums vom 19.–21. Oktober 1992.
Bonn-Bad Godesberg: 1994, 300 S., Abbildungen, Tabellen, Quellen,
ISBN 3-88949-193-6

Heft 41: Riecken, U., Ries, U. und Ssymank, A.: Rote Liste der gefährdeten Biotoptypen der Bundesrepublik Deutschland.
Bonn-Bad Godesberg, 1994, 184 S., Abbildungen, Tabellen, Quellen,
ISBN 3-88949-194-4

Heft 42: Blab, J., Bless, R. und Nowak, E.: Rote Liste der Wirbeltiere.
Bonn-Bad Godesberg: 1994, 190 S., Abbildungen, Tabellen, Quellen,
ISBN 3-88949-195-2

Heft 43: Riecken, U. und Schröder, E. (Bearb.): Biologische Daten für die Planung. Auswertung, Aufbereitung und Flächenbewertung.
Bonn-Bad Godesberg, 1995, 427 S., Abbildungen, Tabellen, Quellen,
ISBN 3-7843-2078-5

Heft 44: Nordheim, H. v. und Merck, T. (Bearb.): Rote Liste der Biotoptypen, Tier- und Pflanzenarten des deutschen Wattenmeer- und Nordseebereichs.
Bonn-Bad Godesberg, 1995, 138 S., Tabellen,
ISBN 3-89624-101-X

Heft 45: Arbeitsgemeinschaft Naturschutz der Landesämter, Landesanstalten und Landesumweltämter, Arbeitsgruppe CIR-Bildflug (Bearb.): Systematik der Biotoptypen- und Nutzungstypenkartierung (Kartieranleitung).
Bonn-Bad Godesberg, 1995, 154 S., Abbildungen, Tabellen, Quellen,
ISBN 3-89624-100-1

Heft 46: Boye, P. u. a. (Bearb.): Säugetiere in der Landschaftsplanung. Standardmethoden und Mindestanforderungen für säugetierkundliche Beiträge zu Umwelt- und Naturschutzplanungen.
Bonn-Bad Godesberg: 1996, 186 S., Abbildungen, Tabellen, Quellen,
ISBN 3-89624-102-8

Heft 47: Nordheim, H. von, Norden Andersen, O. und Thissen, J. (Bearb.): Red Lists of Biotopes, Flora and Fauna of the Trilateral Wadden Sea Area, 1995
Bonn-Bad Godesberg: 1996, 144 S., Tabellen, Quellen,
ISBN 3-89624-103-6

Heft 48: Merck, Thomas und Nordheim, H. von (Bearb.): Rote Listen und Artenlisten der Tiere und Pflanzen des deutschen Meeres- und Küstenbereichs der Ostsee.
Bonn-Bad Godesberg: 1996, 108 S., Tabellen, Quellen,
ISBN 3-89624-104-4

Heft 49: Klein, M. (Bearb.): Naturschutz und Erstaufforstung
Bonn-Bad Godesberg: 1997, ca. 210 S. (in Vorbereitung)

Heft 50/1: Finck, P., Haucke U., Schröder, E., Forst, R. und Woithe, G.: Naturschutzfachliche Leitbilder für das Nordwestdeutsche Tiefland.
Bonn-Bad Godesberg: 1997, 266 S., Abbildungen, Karten, Tabellen, Quellen.
ISBN 3-89624-106-0

Heft 52: Boedecker, Dieter und Nordheim, H. von (Bearb.): Naturschutz und Küstenschutz an der deutschen Ostseeküste.
Bonn-Bad Godesberg: 1997, 116 S., Abbildungen, Tabellen, Quellen,
ISBN 3-89624-105-2

Auslieferung Schriftenreihen:
BfN-Schriftenvertrieb im Landwirtschaftsverlag GmbH
48084 Münster
Telefon 0 25 01 / 8 01-1 17 · Telefax 0 25 01 / 8 01-2 04

Schriftenreihe für Vegetationskunde

Heft 1: Trautmann, W.: Erläuterungen zur Karte der potentiellen natürlichen Vegetation der Bundesrepublik Deutschland 1 : 200 000 Blatt 85 Minden, mit einer Einführung in die Grundlagen und Methoden der Kartierung der potentiellen natürlichen Vegetation. Beilage: eine mehrfarbige Vegetationskarte 1 : 200 000.
Bad Godesberg: 1966, 137 Seiten, ISBN 3-7843-2051-1 (vergriffen)

Heft 2: Ant, H. u.a.: Pflanzensoziologisch-systematische Übersicht der westdeutschen Vegetation, verschiedene tierökologische und vegetationskundliche Beiträge.
Bad Godesberg: 1967, 240 Seiten, ISBN 3-7843-2052-X (vergriffen)

Heft 3: Seibert, P.: Übersichtskarte der natürlichen Vegetationsgebiete von Bayern 1 : 500 000 mit Erläuterungen.
Bad Godesberg: 1968, 84 S., ISBN 3-7843-2053-8 (vergriffen)

Heft 4: Brahe, P. u.a.: Gliederung der Wiesen- und Ackerwildkrautvegetation Nordwestdeutschlands; Einzelbeiträge über Moore, zur Vegetationsgeschichte und Waldfauna.
Bad Godesberg: 1969, 154 Seiten, ISBN 3-7843-2054-6 (vergriffen)

Heft 5: Bohn, U. u.a.: Vegetationsuntersuchung des Solling als Beitrag zum IBP-Programm (mit mehrfarbiger Vegetationskarte); Höhengliederung der Buchenwälder im Vogelsberg, Einfluß von Luftverunreinigungen auf die Bodenvegetation u.a.
Bonn-Bad Godesberg: 1970, 236 Seiten, ISBN 3-7843-2055-4 (vergriffen)

Heft 6: Trautmann, W., Krause, A., Lohmeyer, W., Meisel, K. und Wolf, G.: Vegetationskarte der Bundesrepublik Deutschland 1 : 200 000 – Potentielle natürliche Vegetation – Blatt CC 5502 Köln. Unveränderter Nachdruck 1991.
Bonn-Bad Godesberg: 1973, 172 Seiten, ISBN 3-7843-2056-2

Heft 7: Korneck, D.: Xerothermvegetation in Rheinland-Pfalz und Nachbargebieten.
Bonn-Bad Godesberg: 1974, 196 S. und Tabellenteil, ISBN 3-7843-2057-0 (vergriffen)

Heft 8: Krause, A., Lohmeyer, W. und Rodi, D.: Vegetation des bayerischen Tertiärhügellandes (mit mehrfarbiger Vegetationskarte), flußbegleitende Vegetation am Rhein u.a.
Bonn-Bad Godesberg: 1975, 138 Seiten, ISBN 3-7843-2058-9

Heft 9: Lohmeyer, W. und Krause, A.: Über die Auswirkungen des Gehölzbewuchses an kleinen Wasserläufen des Münsterlandes auf die Vegetation im Wasser und an den Böschungen im Hinblick auf die Unterhaltung der Gewässer.
Bonn-Bad Godesberg: 1975, 105 Seiten, ISBN 3-7843-2059-7 (vergriffen)

Heft 10: Sukopp, H. und Trautmann, W. (Hrsg.): Veränderungen der Flora und Fauna in der Bundesrepublik Deutschland. Ergebnisse des gleichnamigen Symposiums vom 7.–9. Oktober 1975.
Bonn-Bad Godesberg: 1976, 409 Seiten, ISBN 3-7843-2060-0

Heft 11: Meisel, K.: Die Grünlandvegetation nordwestdeutscher Flußtäler und die Eignung der von ihr besiedelten Standorte für einige wesentliche Nutzungsansprüche.
Bonn-Bad Godesberg: 1977, 121 Seiten, ISBN 3-7843-2061-9

Heft 12: Sukopp, H., Trautmann, W. und Korneck, D.: Auswertung der Roten Liste gefährdeter Farn- und Blütenpflanzen in der Bundesrepublik Deutschland für den Arten- und Biotopschutz.
Bonn-Bad Godesberg: 1978, 138 Seiten, ISBN 3-7843-2062-7 (vergriffen)

Heft 13: Wolf, G.: Veränderung der Vegetation und Abbau der organischen Substanz in aufgegebenen Wiesen des Westerwaldes.
Bonn-Bad Godesberg: 1979, 117 Seiten, ISBN 3-7843-2063-5 (vergriffen)

Heft 14: Krause, A. und Schröder, L.: Vegetationskarte der Bundesrepublik Deutschland 1 : 200 000 – Potentielle natürliche Vegetation – Blatt CC 3118 Hamburg-West. 2., unveränd. Aufl.
Bonn-Bad Godesberg: 1994, 138 Seiten, ISBN 3-7843-2064-3

Heft 15: Bohn, U.: Vegetationskarte der Bundesrepublik Deutschland 1 : 200 000 – Potentielle natürliche Vegetation – Blatt CC 5518 Fulda.
Bonn-Bad Godesberg: 1981, 334 Seiten, ISBN 3-7843-2065-1

Heft 16: Wolf, G. (Red.): Primäre Sukzessionen auf kiesig-sandigen Rohböden im Rheinischen Braunkohlerevier.
Bonn-Bad Godesberg: 1985, 203 Seiten, ISBN 3-7843-2066-X

Heft 17: Krause, A.: Ufergehölzpflanzungen an Gräben, Bächen und Flüssen.
Bonn-Bad Godesberg: 1985, 74 Seiten, ISBN 3-7843-2067-8 (vergriffen)

Heft 18: Rote Listen von Pflanzengesellschaften, Biotopen und Arten. Referate und Ergebnisse eines Symposiums in der Bundesforschungsanstalt für Naturschutz und Landschaftsökologie vom 12.–15. November 1985.
Bonn-Bad Godesberg: 1986, 166 Seiten, ISBN 3-7843-1234-9

Heft 19: Korneck, D. und Sukopp, H.: Rote Liste der in der Bundesrepublik Deutschland ausgestorbenen, verschollenen und gefährdeten Farn- und Blütenpflanzen und ihre Auswertung für den Arten- und Biotopschutz.
Bonn-Bad Godesberg: 1988, 210 Seiten, ISBN 3-7843-2068-6 (vergriffen)

Heft 20: Krause, A.: Rasenansaaten und ihre Fortentwicklung an Autobahnen – Beobachtungen zwischen 1970 und 1988.
Bonn-Bad Godesberg: 1989, 125 Seiten, ISBN 3-7843-2069-4

Heft 21: Bundesforschungsanstalt für Naturschutz und Landschaftsökologie (Hrsg.): Naturwaldreservate.
Bonn-Bad Godesberg: 1991, 247 Seiten, ISBN 3-7843-2070-8

Heft 22: Fink, Hans G. u.a.: Synopse der Roten Listen Gefäßpflanzen. Übersicht der Roten Listen und Florenlisten für Farn- und Blütenpflanzen der Bundesländer, der Bundesrepublik Deutschland (vor dem 3. Oktober 1990) sowie der ehemaligen DDR.
Bonn-Bad Godesberg: 1992, 262 Seiten, ISBN 3-7843-2075-9

Heft 23: Bundesforschungsanstalt für Naturschutz und Landschaftsökologie (Hrsg.): Rote Listen gefährdeter Pflanzen in der Bundesrepublik Deutschland. Referate und Ergebnisse eines Arbeitstreffens in der Internationalen Naturschutzakademie, Insel Vilm, vom 25.–28. 11. 1991.
Bonn-Bad Godesberg: 1992, 245 Seiten, ISBN 3-7843-2074-0

Heft 24: Hügin, G. und Henrichfreise, A.: Naturschutzbewertung der badischen Oberrheinaue – Vegetation und Wasserhaushalt des rheinnahen Waldes.
Bonn-Bad Godesberg: 1992, 48 Seiten, ISBN 3-7843-2072-4

Heft 25: Lohmeyer, W. und Sukopp, H.: Agriophyten in der Vegetation Mitteleuropas.
Bonn-Bad Godesberg: 1992, 185 Seiten, ISBN 3-7843-2073-2

Heft 26: Schneider, C., Sukopp, U. und Sukopp, H.: Biologisch-ökologische Grundlagen des Schutzes gefährdeter Segetalpflanzen.
Bonn-Bad Godesberg: 1994, 356 Seiten, ISBN 3-7843-2077-5

Heft 27: Kowarik, I., Starfinger, U. und Trepl, L. (Schriftleitg.): Dynamik und Konstanz. Festschrift für Herbert Sukopp.
Bonn-Bad Godesberg: 1996, 490 Seiten, ISBN 3-89624-000-5

Heft 28: Bundesamt für Naturschutz (Hrsg.):
Rote Liste gefährdeter Pflanzen Deutschlands.
Bonn-Bad Godesberg: 1996, 744 Seiten, ISBN 3-89624-001-3

Auslieferung Schriftenreihen:
BfN-Schriftenvertrieb im Landwirtschaftsverlag GmbH
48084 Münster
Telefon 0 25 01 / 8 01-1 17 · Telefax 0 25 01 / 8 01-2 04

Angewandte Landschaftsökologie

Heft 1: Büro für Tourismus- und Erholungsplanung & Planungsbüro Stefan Wirz, Landschaftsplanung: Landschaftsplanung und Fremdenverkehrsplanung.
Bonn-Bad Godesberg: 1994, 136 Seiten, Abbildungen, Karten, Quellen,
ISBN 3-7843-2676-5

Heft 2: Kaule, G., Endruweit, G. und Weinschenck, G.: Landschaftsplanung, umsetzungsorientiert!
Bonn-Bad Godesberg: 1994, 170 Seiten, Abbildungen, Tabellen, Quellen
ISBN 3-7843-2678-1

Heft 3: Bauer, S.: Naturschutz und Landwirtschaft.
Bonn-Bad Godesberg: 1994, 108 Seiten, Abbildungen, Quellen, ISBN 3-7843-2679-X

Heft 4: Bundesamt für Naturschutz (Hrsg.): Klimaänderungen und Naturschutz.
Bonn-Bad Godesberg: 1995, 236 Seiten, Abbildungen, Tabellen, Quellen,
ISBN 3-89624-300-4

Heft 5: Schiller, J. und Könze, M. (Bearb.): Verzeichnis der Landschaftspläne und Landschaftsrahmenpläne in der Bundesrepublik Deutschland. Landschaftsplanverzeichnis 1993. 11. Fortschreibung. Gesamtausgabe.
Bonn-Bad Godesberg: 1995, 426 Seiten
ISBN 3-89624-301-2

Heft 6: Thomas, A., Mrotzek, R. und Schmidt, W.: Biomonitoring in naturnahen Buchenwäldern.
Bonn-Bad Godesberg: 1995, 140 Seiten, Abbildungen, Karten, Tabellen, Quellen,
ISBN 3-89624-302-4

Heft 7: Institut für Bahntechnik GmbH, Berlin: Auswirkung eines neuen Bahnsystems auf Natur und Landschaft. Untersuchungen zur Bauphase der Magnetschwebebahn Transrapid.
Bonn-Bad Godesberg: 1996, 226 S., Abbildungen, Tabellen, Quellen,
ISBN 3-89624-305-5

Heft 8: Krause, C. L. und Klöppel, D.: Landschaftsbild in der Eingriffsregelung. Hinweise zur Berücksichtigung von Landschaftselementen.
Bonn-Bad Godesberg: 1996, 196 Seiten, Abbildungen, Tabellen, Quellen,
ISBN 3-89624-303-9

Heft 9: Ad-hoc-AG Geotopschutz/Ad-hoc Geotope Conservation Working Group: Arbeitsanleitung Geotopschutz in Deutschland. Leitfaden der Geologischen Dienste der Länder der Bundesrepublik Deutschland/Geotope Conservation in Germany. Guidelines of the Geological Surveys of the German Federal States. (dt./engl.)
Bonn-Bad Godesberg: 1996, 114 S., Abbildungen, Tabellen, Quellen,
ISBN 3-89624-306-3

Heft 10: Föderation der Natur- und Nationalparke Europas, Sektion Deutschland e.V. (FÖNAD): Studie über bestehende und potentielle Nationalparke in Deutschland.
Bonn-Bad Godesberg: 1997, 376 S.
ISBN 3-89624-307-1

Heft 11: Oppermann, B., Luz, F. und Kaule, G.: Der Runde Tisch als Mittel zur Umsetzung der Landschaftsplanung. Chancen und Grenzen der Anwendung eines kooperativen Planungsmodells mit der Landwirtschaft.
Bonn-Bad Godesberg: 1997, 104 S.
ISBN 3-89624-308-X

Heft 12: Borggräfe, K. und Kölsch, O.: Naturschutzin der Kulturlandschaft: Das Erprobungs- und Entwicklungsvorhaben „Revitalisierung in der Ise-Niederung".
Bonn-Bad Godesberg: 1997, 122 S., Abbildungen, 1 Karte, Tabellen, Quellen,
ISBN 3-89624-309-8

Natur und Landschaft, Zeitschrift für Naturschutz, Landschaftspflege und Umweltschutz
Verlag: W. Kohlhammer, Postfach 40 02 63, 50832 Köln, Tel. 02234/106-0 Erscheinungsweise: monatlich.
Bestellungen nimmt der Verlag entgegen und übersendet auf Anforderung Probehefte.

Dokumentation Natur und Landschaft, Der Literatur-Informationsdienst für Naturschutz und Landschaftspflege
Verlag: W. Kohlhammer, Postfach 40 02 63, 50832 Köln, Tel. 0 22 34/1 06-0 Erscheinungsweise: vierteljährlich.
Bestellungen nimmt der Verlag entgegen und übersendet auf Anforderung Probehefte

Bibliographien Sonderhefte der Dokumentation Natur und Landschaft
Erscheinungsweise: unregelmäßig

Nr.		Anzahl der Titel
So.-H. 1: (1982)	Wiederansiedlung gefährdeter Tier- und Pflanzenarten (= Bibliographien Nr. 39 u. 40)	523
So.-H. 2: (1983)	Rekultivierung und Folgenutzung von Entnahmestellen (Kies-, Sandentnahmen, Steinbrüche, Baggerseen) (= Bibliographie Nr. 41)	490
So.-H. 3: (1983)	Feuchtgebiete – Gefährdung, Schutz, Pflege, Gestaltung (= Bibliographie Nr. 42)	942
So.-H. 4: (1983)	Zur Tier- und Pflanzenwelt an Verkehrswegen (= Bibliographien Nr. 43 bis 45)	315
So.-H. 5: (1984)	Naturschutz und Landschaftspflege: Main-Donau-Wasserstraße; Einsatz der EDV; Öffentlichkeitsarbeit (= Bibliographien Nr. 46 bis 48)	468
So.-H. 6: (1985)	Sport und Naturschutz; Waldreservate – Waldnaturschutzgebiete (= Bibliographien Nr. 49 u. 50)	547
So.-H. 7: (1986)	Untersuchungen zu Naturschutz und Landschaftspflege im besiedelten Bereich (= Bibliographie Nr. 51)	1294
So.-H. 8: (1987)	Untersuchungen zu Naturschutz und Landschaftspflege im besiedelten Bereich. Literaturnachträge bis 1986 (= Bibliographie Nr. 52)	467
So.-H. 9: (1988)	Hecken und Feldgehölze. Ihre Funktionen im Natur- und Landschaftshaushalt (= Bibliographie Nr. 53)	624
So.-H. 10: (1988)	Untersuchungen zu Naturschutz und Landschaftspflege im besiedelten Bereich. Literaturnachträge bis 1987 (= Bibliographie Nr. 54)	551
So.-H. 11: (1988)	Abgrabung (Bodenentnahme, Tagebau, Gewinnung oberflächennaher mineralischer Rohstoffe) und Landschaft (= Bibliographie Nr. 55)	2660
So.-H. 12: (1989)	Naturnaher Ausbau, Unterhaltung und Biotoppflege von Fließgewässern (= Bibliographie Nr. 56)	912
So.-H. 13: (1990)	Natur- und Umweltschutz in der Sowjetunion (= Bibliographien Nr. 57 u. 58)	560
So.-H. 14: (1990)	Untersuchungen zu Naturschutz und Landschaftspflege im besiedelten Bereich. Literaturnachträge bis 1990 (= Bibliographie Nr. 59)	1048
So.-H. 15: (1990)	Naturschutz in der DDR. Eine Auswahlbibliographie 1977–1990 (= Bibliographie Nr. 60)	2050

Nr.		Anzahl der Titel
So.-H. 16: (1991)	Spontane Vegetation an Straßen, Bahnlinien und in Hafenanlagen (= Bibliographien Nr. 61 u. 62)	312
So.-H. 17: (1991)	Naturwaldreservate (= Bibliographie Nr. 63)	1173
So.-H. 18: (1992)	Sport und Naturschutz (= Bibliographie Nr. 64)	938
So.-H. 19: (1992)	Historische Kulturlandschaften (= Bibliographie Nr. 65)	481
So.-H. 20: (1993)	Untersuchungen zu Naturschutz und Landschaftspflege im besiedelten Bereich. Literaturnachträge 1990 bis 1992 (= Bibliographie Nr. 66)	1182
So.-H. 21: (1996)	Baikalsee. Eine Literaturdokumentation zur Umweltsituation am Baikalsee. 2., überarbeitete und erweiterte Auflage (= Bibliographie Nr. 73)	209
So.-H. 22: (1995)	Arktische Gebiete. Eine Literaturdokumentation zur Umweltsituation des russischen Arktis-Anteils (= Bibliographie Nr. 68)	211
So.-H. 23: (1995)	Streuobst. Bindeglied zwischen Naturschutz und Landwirtschaft (= Bibliographie Nr. 69)	1500
So.-H. 24: (1995)	Naturschutzgebiet Lüneburger Heide. (= Bibliographie Nr. 70)	1077
So.-H. 25: (1995)	Naturschutz und Landschaftspflege im besiedelten Bereich. Literaturnachträge 1992 bis 1995. (= Bibliographie Nr. 71)	900
So.-H. 26: (1997)	Biosphärenreservate (= Bibliographie Nr. 72)	ca. 800
So.-H. 27: (1997)	Naturschutz und Windkraft (= Bibliographie Nr. 74) Lärmwirkung auf Tiere (= Bibliographie Nr. 75)	ca. 200 ca. 605
So.-H. 28: (1997)	Wattenmeer (= Bibliographie Nr. 76) (in Vorbereitung)	ca. 2000

Vertrieb: Deutscher Gemeindeverlag, Postfach 40 02 63, 50832 Köln, Tel. 0 22 34 / 1 06-0.
Abonnenten der Dokumentation Natur und Landschaft erhalten auf die Sonderhefte 25 % Rabatt.

Sonstige Veröffentlichungen

Planzeichen für die örtliche Landschaftsplanung mit Wiedergabe der Verordnung über die Ausarbeitung der Bauleitpläne und die Darstellung des Planinhalts (Planzeichenverordnung 1981 – PlanzV 81). Erarbeitet vom Ausschuß „Planzeichen für die Landschaftsplanung" der Länderarbeitsgemeinschaft für Naturschutz, Landschaftspflege und Erholung (LANa).
Bonn-Bad Godesberg: 1994, 64 S., mehrfarbig, ISBN 3-7843-1219-5

Landschaftsplanung als Instrument umweltverträglicher Kommunalentwicklung. Landschaftsplanung – Bauleitplanung, Eingriffsregelung – Baugenehmigung, Umweltverträglichkeitsprüfung (UVP). – Bundesforschungsanstalt für Naturschutz und Landschaftsökologie gemeinsam mit dem Institut für Städtebau Berlin der Deutschen Akademie für Städtebau und Landesplanung.
Bonn-Bad Godesberg: 1989, 207 S., ISBN 3-7843-1330-2

Landschaftsbild – Eingriff – Ausgleich. Handhabung der naturschutzrechtlichen Eingriffsregelung für den Bereich Landschaftsbild. – Bundesforschungsanstalt für Naturschutz und Landschaftsökologie.
Bonn-Bad Godesberg: 1991, 244 S., ISBN 3-7843-2511-4

Landschaftsplanung als Entwicklungschance für umweltverträgliche Flächennutzungsplanung. Landschaftsplanung, Bauleitplanung, Umweltplanung, Verkehrsprojekte in Ost und West. Bundesamt für Naturschutz gemeinsam mit dem Institut für Städtebau Berlin der Deutschen Akademie für Städtebau und Landesplanung.
Bonn-Bad Godesberg: 1994, 257 S., ISBN 3-7843-2681-1

Materialien zur Situation der biologischen Vielfalt in Deutschland.
Bonn-Bad Godesberg: 1995, 120 S., ISBN 3-89624-600-3

Materials on the Situation of Biodiversity in Germany.
Bonn-Bad Godesberg: 1995, 120 S., ISBN 3-89624-601-1

Bundesamt für Naturschutz (Hrsg.): Perspektiven für den Artenschutz. Symposium zur Novellierung der EG-Artenschutzverordnung und des nationalen Artenschutzrechts.
Bonn-Bad Godesberg: 1996, 182 S., ISBN 3-89624-603-8

Daten zur Natur.
Bonn-Bad Godesberg: 1996, 170 S., ISBN 3-89624-605-4

Dagmar Lange: Untersuchungen zum Heilpflanzenhandel in Deutschland. Ein Beitrag zum internationalen Artenschutz.
Bonn-Bad Godesberg: 1996, 146 S., ISBN: 3-89624-604-6

Kasparek, M., Gröger, A. und Schippmann, U.: Directory for Medicinal Plants Conservation. Networks, Organizations, Projects, Information Sources.
Bonn-Bad Godesberg: 1996, 156 S., ISBN: 3-89624-606-2

Lange, D. und Schippmann, U.: Trade Survey of Medicinal Plants in Germany. A Contribution to International Species Conservation.
Bonn-Bad Godesberg: 1997, 146 S., ISBN: 3-89624-607-0

Auslieferung Schriftenreihen:
BfN-Schriftenvertrieb im Landwirtschaftsverlag GmbH
48084 Münster
Telefon 0 25 01 / 8 01-1 17 · Telefax 0 25 01 / 8 01-2 04

Schriftenreihe „MAB-Mitteilungen"

1. Das UNESCO-Programm „Der Mensch und die Biosphäre" (MAB) – eine Übersicht über seine Projekte und den Stand der Beiträge.
   Oktober 1977 (vergriffen)

2. Ökologie und Planung im Verdichtungsgebiet – die Arbeiten zu MAB-Projekt 11 der Region Untermain.
   Juli 1978, Deutsch/Englisch (vergriffen)

3. Kaule, G., Schober, M. u. Söhmisch, R.: Kartierung erhaltenswerter Biotope in den Bayerischen Alpen. Projektbeschreibung.
   November 1978 (vergriffen)

4. Internationales Seminar „Schutz und Erforschung alpiner Ökosysteme" in Berchtesgaden vom 28. 11.–1. 12. 1978. Seminarbericht.
   Juni 1979 (vergriffen)

5. The Development and Application of Ecological Models in Urban and Regional Planning. International Meeting in Bad Homburg. March 13–19, 1979.
   September 1980 (vergriffen)

6. Forschungsbrücke zwischen Natur- und Sozialwissenschaften im Hinblick auf Umweltpolitik und Entwicklungsplanung. MAB-Seminar vom 13. 2.–16. 2. 1980 in Berlin.
   September 1980 (vergriffen)

7. Wechselwirkungen zwischen ökologischen, ökonomischen und sozialen Systemen agrarischer Intensivgebiete. Beitrag des deutschen MAB-Programms zum Projektbereich 13 (Wahrnehmung der Umweltqualität). September 1981.
   2. verbesserte Auflage Oktober 1982 (vergriffen)

8. Bick, H., Franz, H. P. u. Röser, B.: Möglichkeiten zur Ausweisung von Biosphären-Reservaten in der Bundesrepublik Deutschland. Droste zu Hülshoff, B.V.: Ökosystemschutz und Forschung in Biosphären-Reservaten.
   Dezember 1981 (vergriffen)

9. Der Einfluß des Menschen auf Hochgebirgsökosysteme im Alpen- und Nationalpark Berchtesgaden. November 1981.
   2. erweiterte Auflage September 1982 (vergriffen)

10. Brünig, E. F. (Ed.) (1982): Transaction of the Third International MAB-IUFRO Workshop of Ecosystem Research, held on 9th and 19th September 1981 at the XVIIth IUFRO Congress, Kyoto 1981.
    Second amended edition January 1983 (vergriffen)

11. Bericht über das internationale MAB-6-Seminar „Der Einfluß des Menschen auf Hochgebirgsökosysteme im Alpen- und Nationalpark Berchtesgaden" vom 2. 12.–4. 12. 1981 in Berchtesgaden.
    Juni 1982 (vergriffen)

12. Podiumsdiskussion im Rahmen des MAB-13-Statusseminars „Wechselwirkungen zwischen ökologischen, ökonomischen und sozialen Systemen agrarischer Intensivgebiete" am 8./9. Oktober 1982 in Vechta/Südoldenburg.
    Februar 1983 (vergriffen)

13. Angewandte Ökologie. Beispiele aus dem MAB-Programm „Der Mensch und die Biosphäre". Kurzbeschreibung der Bildtafeln für die Ausstellung „Ecology in Action".
    April 1983 (vergriffen)

14. Thober, B., Lieth, H., Fabrewitz, S. unter Mitarbeit von Müller, N., Neumann, N., Witte, T.: Modellierung der sozioökonomischen und ökologischen Konsequenzen hoher Wirtschaftsdüngergaben (MOSEC). Müller, N.: Das Problem der Nitratbelastung des Grundwassers in Regionen mit intensiver Landwirtschaft: ein regionales Pilotmodell mit ausdrücklichem Bezug zu nicht-ökonomischen Institutionen.
    November 1983 (vergriffen)

15. Angewandte Ökologie. Beispiel aus dem MAB-Programm „Der Mensch und die Biosphäre". Übertragung der Postertexte für die Ausstellung „Ecology in Action" in die deutsche Sprache. November 1983.
    2. Auflage Januar 1985 (vergriffen)

16. Ziele, Fragestellungen und Methoden. Ökosystemforschung Berchtesgaden.
    Dezember 1983 (vergriffen)

17. Szenarien und Auswertungsbeispiele aus dem Testgebiet Jenner. Ökosystemforschung Berchtesgaden. Dezember 1983.
2. verbesserte Auflage September 1984 (vergriffen)

18. Franz, H. P.: Der deutsche Beitrag zum UNESCO-Programm „Der Mensch und die Biosphäre" (MAB). Stand, Entwicklung und Ausblick eines umfassenden Forschungsprogramms. April 1984.
2. Auflage Februar 1985 (vergriffen)

19. Bericht über das III. Internationale MAB-6-Seminar „Der Einfluß des Menschen auf Hochgebirgsökosysteme im Alpen- und Nationalpark Berchtesgaden" vom 16.–17. April 1984 in Berchtesgaden. Oktober 1984.
2. Auflage September 1985 (vergriffen)

20. „Biosphären-Reservate". Bericht über den I. Internationalen Kongreß über Biosphären-Reservate vom 26. 9.–2. 10. 1983 in Minsk/UdSSR.
November 1984 (vergriffen)

21. Bericht über das IV. Internationale MAB-6-Seminar „Der Einfluß des Menschen auf Hochgebirgsökosysteme im Alpen- und Nationalpark Berchtesgaden" vom 12.–14. Juni 1985 in Berchtesgaden.
2. Auflage April 1988 (vergriffen)

22. Mögliche Auswirkungen der geplanten Olympischen Winterspiele 1992 auf das Regionale System Berchtesgaden. Deutscher Beitrag zum MAB-Projektbereich 6 (Einfluß menschlicher Aktivitäten auf Gebirgs- und Tundraökosysteme).
August 1986 (vergriffen)

23. Landschaftsbildbewertung im Alpenpark Berchtesgaden – Umweltpsychologische Untersuchung zur Landschaftsästhetik. Ökosystemforschung Berchtesgaden. Deutscher Beitrag zum MAB-Projektbereich 6 (Einfluß menschlicher Aktivitäten auf Gebirgs- und Tundraökosysteme).
2. verbesserte Auflage April 1988 (vergriffen)

24. Brünig, E. F. et al: Ecologic-Socioeconomic System Analysis to the Conservation, Utilization and Development of Tropical and Subtropical Land Resources in China. Deutscher Beitrag zum MAB-Projektbereich 1 (Ökologische Auswirkungen zunehmender menschlicher Tätigkeiten auf Ökosysteme in tropischen und subtropischen Waldgebieten).
Januar 1987 (vergriffen)

25. Probleme interdisziplinärer Ökosystem-Modellierung. MAB-Workshop März 1985 in Osnabrück.
Juli 1987, Deutsch/Englisch (vergriffen)

26. Studien zum Osnabrücker Agrarökosystem-Modell OAM für das landwirtschaftliche Intensivgebiet Südoldenburg. Deutscher Beitrag zum MAB-Projektbereich 13: Perception of the Environment. Arbeitsgruppe Systemforschung Universität Osnabrück.
September 1987 (vergriffen)

27. Wirtschafts- und Sozialwissenschaften in der Ökosystemforschung. Ökosystemforschung Berchtesgaden. Deutscher Beitrag zum MAB-Projektbereich 6 (Einfluß menschlicher Aktivitäten auf Gebirgs- und Tundraökosysteme).
April 1988 (vergriffen)

28. Problems with future land-use changes in rural areas. Working meeting for the organization of an UNESCO theme study November 2–5, 1987, in Osnabrück.
September 1988

29. Lewis, R. A. et al: Auswahl und Empfehlung von ökologischen Umweltbeobachtungsgebieten in der Bundesrepublik Deutschland.
Mai 1989

30. Report on MAB-Workshop „International scientific workshop on soils and soil zoology in urban ecosystems as a basis for management and use of green/open spaces" in Berlin, September 15–19, 1986.
Oktober 1989 (vergriffen)

31. Final Report of the International Workshop „Long-Term Ecological Research – A Global Perspective". September 18–22, 1988, Berchtesgaden.
Bonn, August 1989 (vergriffen)

32. Brettschneider, G.: Vermittlung ökologischen Wissens im Rahmen des MAB-Programms. Erarbeitung eines spezifischen Programmbeitrages für das UNESCO-Programm „Man and the Biosphere" (MAB).
Bonn, April 1990

33. Goerke, W., Nauber, J. u. Erdmann, K.-H. (Hrsg.): Tagung des MAB-Nationalkomitees der Bundesrepublik Deutschland und der Deutschen Demokratischen Republik am 28. und 29. Mai 1990 in Bonn.
Bonn, September 1990

34. Ashdown, M., Schalter, J. (Hrsg.). Geographische Informationssysteme und ihre Anwendung in MAB-Projekten, Ökosystemforschung und Umweltbeobachtung.
Bonn, Dezember 1990

35. Kerner, H. F., Spandau, L. u. Köppel, J. G.: Methoden zur angewandten Ökosystemforschung. Entwickelt im MAB-Projekt 6 „Ökosystemforschung Berchtesgaden" 1981–1991. Abschlußbericht.
Freising-Weihenstephan, September 1991 (vergriffen)

36. Erdmann, K.-H. u. Nauber, J. (Hrsg.): Beiträge zur Ökologie-, Ökosystemforschung und Umwelterziehung.
Bonn, März 1992

37. Erdmann, K.-H. u. Nauber, J. (Hrsg.): Beiträge zur Ökosystemforschung und Umwelterziehung II.
Bonn, August 1993

38. Erdmann, K.-H. u. Nauber, J. (Hrsg.): Beiträge zur Ökosystemforschung und Umwelterziehung III.
Bonn, (in Vorbereitung)

39. Deutsches MAB-Nationalkomitee (Hrsg.): Entwicklungskonzept Bayerischer Wald, Sumava (Böhmerwald), Mühlviertel.
Bonn, Juni 1994

40. German MAB National Committee (Ed.): Development concept Bavarian Forest, Sumava (Bohemian Forest), Mühlviertel.
Bonn, Juni 1994

41. Kruse-Graumann, L. in cooperation with Dewitz, F. v.; Nauber, J. and Trimpin, A. (Eds.): Proceedings of the EUROMAB Workshop, 23–25 January 1995, Königswinter „Societal Dimensions of Biosphere Reserves – Biosphere Reserves for People." 1995

Die „MAB-Mitteilungen" sind kostenlos zu beziehen über die
MAB-Geschäftsstelle c/o Bundesamt für Naturschutz
Konstantinstraße 110
D-53179 Bonn
Tel.: (02 28) 84 91-1 36, Fax-Nr. (02 28) 84 91-2 00

Weitere Veröffentlichungen im Rahmen des MAB-Programms:

Erdmann, K.-H. (Hrsg.): Perspektiven menschlichen Handelns: Umwelt und Ethik. – Springer Verlag Berlin-Heidelberg u.a., 2. Aufl. 1993.
Zu beziehen im Buchhandel.

Erdmann, K. H., Nauber, J.: Der deutsche Beitrag zum UNESCO-Programm „Der Mensch und die Biosphäre" (MAB) im Zeitraum Juli 1988 bis Juni 1990. Bonn 1990.
Zu beziehen über: MAB-Geschäftsstelle.

Erdmann, K.-H. u. Nauber, J.: Der deutsche Beitrag zum UNESCO-Programm „Der Mensch und die Biosphäre" (MAB) im Zeitraum Juli 1990 bis Juni 1992. Bonn 1993.
Zu beziehen über: MAB-Geschäftsstelle.

Goodland, R., Daly, H., El Serafy, S. u. Droste, B. v. (Hrsg.): Nach dem Brundtland-Bericht: Umweltverträgliche wirtschaftliche Entwicklung. Bonn, Februar 1992.
Zu beziehen über: MAB-Geschäftsstelle.

Solbrig, O.T.: Biodiversität. Wissenschaftliche Problematik und Vorschläge für die internationale Forschung. Bonn, April 1994.

Erdmann, K.-H. u. Nauber, J.: Der deutsche Beitrag zum UNESCO-Programm „Der Mensch und die Biosphäre" (MAB) im Zeitraum Juli 1992 bis Juni 1994.
(in Vorbereitung)
Zu beziehen über: MAB-Geschäftsstelle.

Ständige Arbeitsgruppe der Biospärenreservate in Deutschland: Biosphärenreservate in Deutschland. Leitlinien für Schutz, Pflege und Entwicklung. Springer Verlag, Berlin-Heidelberg 1995.

Zu beziehen im Buchhandel.

Lieferbare Hefte

Aus postalischen Gründen werden die Preise der Veröffentlichungen gesondert aufgeführt.

Im Landwirtschaftsverlag sind erschienen:

Schriftenreihe für Landschaftspflege und Naturschutz

Heft 1 = DM 12,–	Heft 23 = DM 19,–	Heft 39 = DM 29,80
Heft 2 = DM 5,–	Heft 24 = DM 69,80	Heft 40 = DM 29,80
Heft 3 = DM 12,50	Heft 26 = DM 13,–	Heft 41 = DM 29,80
Heft 4 = DM 12,–	Heft 27 = DM 18,–	Heft 42 = DM 29,80
Heft 5 = DM 7,50	Heft 29 = DM 39,80	Heft 43 = DM 39,–
Heft 6 = DM 10,–	Heft 30 = DM 29,80	Heft 44 = DM 29,80
Heft 7 = DM 6,–	Heft 31 = DM 15,–	Heft 45 = DM 27,80
Heft 8 = DM 7,50	Heft 32 = DM 29,–	Heft 46 = DM 29,80
Heft 10 = DM 15,–	Heft 33 = DM 29,80	Heft 47 = DM 10,–
Heft 13 = DM 20,–	Heft 34 = DM 24,80	Heft 48 = DM 19,80
Heft 17 = DM 27,–	Heft 35 = DM 12,50	Heft 50/1 = DM 39,80
Heft 18 = DM 29,80	Heft 36 = DM 29,–	Heft 52 = DM 24,80
Heft 20 = DM 32,–	Heft 37 = DM 26,80	
Heft 21 = DM 24,–	Heft 38 = DM 29,80	

Schriftenreihe für Vegetationskunde:

Heft 6 = DM 29,–	Heft 16 = DM 22,–	Heft 23 = DM 29,–
Heft 8 = DM 9,–	Heft 17 = DM 18,–	Heft 24 = DM 10,–
Heft 10 = DM 17,50	Heft 18 = DM 15,–	Heft 25 = DM 25,–
Heft 11 = DM 17,–	Heft 20 = DM 25,–	Heft 26 = DM 49,60
Heft 14 = DM 26,–	Heft 21 = DM 29,–	Heft 27 = DM 49,80
Heft 15 = DM 39,80	Heft 22 = DM 29,–	Heft 28 = DM 39,80

Angewandte Landschaftsökologie

Heft 1 = DM 36,–	Heft 5 = DM 19,90	Heft 9 = DM 19,80
Heft 2 = DM 16,80	Heft 6 = DM 22,–	Heft 10 = DM 34,–
Heft 3 = DM 11,60	Heft 7 = DM 19,80	Heft 11 = DM 19,80
Heft 4 = DM 23,80	Heft 8 = DM 21,80	Heft 12 = DM 19,80

Sonstige Veröffentlichungen:

Planzeichen für die örtliche Landschaftsplanung	DM 24,80
Landschaftsplanung als Instrument umweltverträglicher Kommunalentwicklung	DM 25,–
Landschaftsbild – Eingriff – Ausgleich	DM 36,–
Landschaftsplanung als Entwicklungschance für umweltverträgliche Flächennutzungsplanung	DM 28,–
Materialien zur Situation der biologischen Vielfalt in Deutschland	DM 10,–
Materials on the Situation of Biodiversity in Germany	DM 10,–
Perspektiven für den Artenschutz	DM 29,80
Untersuchungen zum Heilpflanzenhandel in Deutschland	DM 19,80
Daten zur Natur	DM 24,90
Directory for Medicinal Plants Conservation	DM 19,80
Trade Survey of Medicinal Plants in Germany	DM 19,80

Im Kohlhammer Verlag/Deutscher Gemeindeverlag erscheinen:

Natur und Landschaft

Bezugspreis: DM 118,– jährlich (einschl. Porto und MwSt.). Für Studenten 33 % Rabatt.
Einzelheft: DM 12,50 (zuzüglich Porto und MwSt.).

Dokumentation Natur und Landschaft

Bezugspreis: DM 84,– jährlich (einschl. Porto und MwSt.). Für Studenten 33 % Rabatt.

Bibliographien, Sonderhefte der Dokumentation Natur und Landschaft:

So.-Heft 1 = DM 10,–	So.-Heft 10 = DM 12,80	So.-Heft 19 = DM 19,80
So.-Heft 2 = DM 10,–	So.-Heft 11 = DM 25,–	So.-Heft 20 = DM 19,80
So.-Heft 3 = DM 10,–	So.-Heft 12 = DM 14,80	So.-Heft 21 = DM 14,50
So.-Heft 4 = DM 10,–	So.-Heft 13 = DM 12,80	So.-Heft 22 = DM 15,–
So.-Heft 5 = DM 10,–	So.-Heft 14 = DM 17,80	So.-Heft 23 = DM 32,–
So.-Heft 6 = DM 10,–	So.-Heft 15 = DM 25,–	So.-Heft 24 = DM 22,–
So.-Heft 7 = DM 19,80	So.-Heft 16 = DM 12,80	So.-Heft 25 = DM 32,–
So.-Heft 8 = DM 12,80	So.-Heft 17 = DM 19,80	
So.-Heft 9 = DM 12,80	So.-Heft 18 = DM 19,80	

Auslieferung Schriftenreihen:
BfN-Schriftenvertrieb im Landwirtschaftsverlag GmbH
48084 Münster
Telefon 0 25 01 / 8 01-1 17 · Telefax 0 25 01 / 8 01-2 04